북유럽 감성°
손뜨개 친구

미쿠니 마리코 지음 | 황선영 옮김

이아소

CONTENTS

헨리 넥 스웨터 —— 03, 04
곰 벙어리장갑 —— 04, 06
둥근 꽃무늬 양말 —— 07
건지 스웨터 —— 08
뿔 무늬 양말 —— 10
흰색 모자 —— 11
아란 롱 카디건 —— 12
버섯 벙어리장갑 —— 14
물결 스웨터 —— 15
은방울꽃 숄 —— 16
새와 석류 카디건 —— 18
루프 카디건 —— 20
4색 보더 모자 —— 22
붉은색 머플러 —— 24
파란색 머플러 —— 25
롱 카디건 —— 26
나뭇잎 카디건 —— 28
구름과 산 모자 —— 30
고양이 벙어리장갑 —— 31
나비 벙어리장갑 —— 32
흰색 머플러 —— 33

스티치 레슨 —— 34
페어 아일 니트의 포인트 레슨 —— 37
INDEX —— 38

작업실 풍경 —— 41

뜨개의 기초 —— 85
이 책에서 사용한 실 —— 91

헨리 넥 스웨터

요리사를 연상하며 뜬 스웨터다.
쉽게 갈아입을 수 있고 움직이기 편하며
몸에도 적당히 붙어 실용적이면서도 멋스럽다.
식재료와 잘 어울리는 샌드베이지로 완성했다.

see page > **42**

곰 벙어리장갑

곰 세 마리가 한집에 있어….
콧노래 부르며 나만의 곰을 수놓아 보자.
진지한 곰이든, 장난스런 곰이든,
수를 다 놓으면 마음이 유쾌해진다.

see page > **46**

둥근 꽃무늬 양말

소박한 레이스 무늬로 발목을 떴다.
작은 꽃이 촘촘히 피어 있는 모습.
어려워 보이는 양말도
발뒤꿈치 뜨는 법만 알면
의외로 간단하다.
이렇게 따뜻한 색으로 발을 감싸면,
마음까지 편안해진다.

see page > **48**

건지 스웨터

멋부리지 않은 듯 자연스러운 스타일의 스웨터는
누구에게나 환영받는다.
일할 때든 낮잠을 잘 때든,
입고 있는 것조차 잊을 만큼 편안한 스웨터.
드롭 숄더와 허리 아래 여유 단은
전형적인 카디건 뜨기에서 자주 본던 방법이다.
작은 삼각 무늬로 만들어진 입체감이
바라보는 각도마다 예쁘게 보인다.

see page > **53**

뿔 무늬 양말

뽀롱뽀롱 사방으로 튀어나온 수많은 뿔.
전체가 큰 솔방울처럼 보인다.
덮어씌운 코를 리듬 있게 반복하다 보면,
어느새 성큼 떠 있는 것을 발견하게 된다.
롤업한 바지와 코디하면 예쁘다.

see page > 50

흰색 모자

능직의 트위드 같은 뜨개 무늬.
베이직하지만 걸쳐뜨기를 반복해서
매우 독특한 짜임새가 되었다.
가로세로가 신축성이 없기 때문에,
중간 중간 게이지를 확인하면서 뜨자.

see page > **52**

아란
롱 카디건

힘차게 뻗은 여름 화초처럼
케이블 무늬를 한쪽에 늘어세웠다.
가슴부터 완만하게 넓어지는
작은 칼라가 마음에 든다.
올록볼록 뚜렷한 케이블 무늬가
옷 품을 꽉 잡아주어,
자연스럽게 몸에 붙어 느낌이 아주 좋다.

see page > **61**

버섯 벙어리장갑

흰색 버섯에서 조금 떨어진 곳에 적갈색 버섯을 수놓았다.
다음으로 청보라색 잎새버섯까지.
색과 모양에 빠져 무늬를 만들다 보면 어느새 손등이 빼곡.
도안대로 하기보다는 느낌에 따라 실감나게 수놓아보자.

see page > **56**

물결 스웨터

소매 없이 어깨까지 일직선으로 연출한 스웨터 전면에
물결 무늬를 리드미컬하게 배치했다.
보는 것만으로 생동감이 넘친다.
물결 라인은 조금 변형된 뜨개 방법.
7단 아래에 바늘을 넣고
무늬를 '들어올려' 뜬다.

see page > **58**

은방울꽃 숄

내 손으로 뜬 숄은 더욱 애정이 가기 마련이다.
꼼꼼히 정성스럽게 떠놓으니 한층 아름답다.
아래쪽엔 깜찍한 은방울꽃.
가볍게 보이도록 속이 비치는 작은 레이스로 중간을 메웠다.

see page > **65**

새와 석류 카디건

오래된 전통 무늬를 처음 생각해낸 사람은 누구일까?
그렇다면 나도 한번 만들어볼까 해서 고안해낸 '전통 무늬 스타일의 패턴'이다.
39코×32단으로 이루어진 기본 패턴에는 꽃과 석류, 잘 익어 터진 석류알과
그걸 쪼아 먹으러 오는 새가 수놓아 있다.
손목으로 갈수록 가늘어지는 소매가 클래식하다.

see page > **69**

루프 카디건

몽글몽글 폭신폭신. 그레이에 흰색을 살짝 섞어 링뜨기를 했더니.
진짜 살아있는 듯 깊이가 느껴진다.
대바늘 링뜨기는 짜임이 쫀쫀하다.
예전에 아이들이 입었던 니트를 보고 뜨개 방법의 힌트를 얻었다.

see page > **72**

4색 보더 모자

베이직하고 빈틈없는 모습에서 활기가 느껴진다.
몇 번이고 다시 뜨고 싶을 정도로 배색이 마음에 든다.
지그재그 무늬는 무늬 넣기가 아닌
걸러뜨기로 간단히 모양을 냈다.
추운 날 편하게 쓸 수 있는 모자.

see page > **60**

붉은색 머플러

펀치로 팡팡 구멍을 낸 것 같다.
멀리서 보면 구멍으로 생긴 뜨개 무늬가 둥글게 늘어서 보인다.
이런 머플러를 한 사람과는 왠지 즐거운 대화를 나누고 싶어진다.

see page > **64**

파란색 머플러

seafoam = 바다 거품처럼 청명한 느낌의 머플러.
움켜쥐면 작아졌다 금세 원래대로 돌아온다.
베이스는 가터 무늬.
중간에 드라이브뜨기가 들어가 순식간에 길이가 길어진다.

see page > **68**

롱 카디건

한기가 느껴질 때, 바로 걸칠 수 있는
얇고 낙낙한 알파카 카디건.
앞 부분에는 케이블처럼 두껍지 않은 무늬를 넣었다.
약간 짧은 듯한 소매는 가터 무늬로 여유롭게.

see page > **78**

나뭇잎 카디건

소매 쪽을 거울에 비춰보니
예상했던 것보다 잘 어울린다.
내 안에 숨어 있던 소녀 감성이
슬그머니 고개를 내밀어 꽤 신선했다.
먼저 짜두었던 소매를 요크와 연결할 때
잎사귀 무늬가 단번에 일렬로
쫙 정렬되는 짜릿함이
또 다른 재미를 준다.

see page > **75**

구름과 산 모자

clouds and mountains라고 이름 붙이고 싶다.
패턴집에서 이 무늬를 발견했을 때,
겨울 모자를 떠야겠다고 생각했다.
구름에 둘러싸인,
희미한 작은 산이 가득하다.

see page > **74**

고양이 벙어리장갑

보름밤에 나란히 모인 고양이들.
앞발을 든 채 이쪽을 보고 있다.
고양이 눈이 하트 모양이라는
지인의 말에 깜짝 놀란 적이 있다.
손바닥의 지그재그 무늬는 잔뜩 낀 안개.

see page > **82**

나비 벙어리장갑

'날고 있는' 나비를 표현하고 싶어서
비스듬히 줄지어 세웠더니, 프린트한 것처럼 되었다.
모노톤에 붉은색을 넣어 성숙한 느낌으로 완성했다.

see page > **82**

흰색 머플러

양 끝단은 새의 날개처럼 떠보자.
문득 이미지가 떠올라 바늘과 실을 챙겨 뜨기 시작해서는
그대로 완성한 머플러.
자연스러운 곡선 모양을 내기 위해
끝단에서 얼마간 늘림코와 줄임코를 한다.

see page > **80**

스티치 레슨

아네모네 스티치 anemone stitch see page > 07/48

겉

안

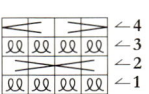

①
1단째(겉쪽). 1코째에 겉뜨기를 하는 요령으로 오른쪽 바늘을 넣는다.

②
앞쪽에서 맞은편으로 실을 2회 감는다.

③
실을 끌어내고, 왼쪽 바늘을 뺀다. 드라이브뜨기(2회 감기)가 1코 떠졌다.

④
같은 방법으로 모든 코를 드라이브뜨기 한다.

⑤
2단째(겉쪽). 앞 단의 드라이브뜨기 4코에 앞쪽에서 1가닥씩 오른쪽 바늘을 넣고, 왼쪽 바늘을 뺀다. 감은 분량만큼 길이가 된다.

⑥
늘린 4코를 왼쪽 바늘에 다시 넣고, 겉뜨기 하는 요령으로 4코를 모아 오른쪽 바늘을 넣는다.

⑦
4코를 모아서 겉뜨기를 하고 왼쪽 바늘을 빼지 않은 채, 실을 앞쪽에 두고 같은 코에 오른쪽 바늘을 넣고 안뜨기를 한다.

⑧
왼쪽 바늘을 빼지 않은 채, 같은 코에 다시 겉뜨기, 안뜨기를 한다.

⑨
왼쪽 바늘을 뺀다. 4코 모아뜨기를 한 곳에 다시 4코가 만들어졌다.

물결 스티치 wave stitch see page > 15/58

겉

안

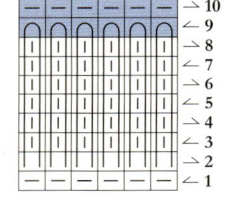

①
1, 2, 4, 6, 8단째는 모두 안뜨기, 3, 5, 7단째는 모두 겉뜨기를 한다. 9단째(겉쪽). 2단째의 코를 화살표처럼 떠올린다.

②
그대로 왼쪽 바늘 코에 바늘을 넣는다.

③
2코 모아서 겉뜨기를 한다.

④
겉뜨기가 떠졌다. 2단째의 코가 끌려올라간다.

⑤
같은 방법으로 2단째의 코를 끌어올리면서 모두 6코를 뜬다.

⑥
끌어올리면서 뜬 곳은 2단 분의 높이가 만들어진다.

양 꼬리 스티치 lamb's tail stitch see page > **10/50**

겉

안

①
1단째(겉쪽). 1코째에 화살표처럼 바늘을 넣는다. 겉뜨기를 하는 요령으로 실을 끌어내고 왼쪽 바늘을 빼지 않고 둔다.

②
화살표처럼 뜬 코를 왼쪽 바늘에 덮어씌운다. 오른쪽 바늘은 빼지 않고 둔다.

③
시작코 1코째가 만들어졌다. 그대로 다시 1코를 뜬다.

④
같은 방법으로 뜬 코를 왼쪽 바늘에 덮어씌운다. 시작코 2코째가 만들어졌다. 오른쪽 바늘은 빼지 않고 둔다.

⑤
그대로 다시 1코를 뜬다.

⑥
③·④를 반복해서 모두 4코의 시작코가 왼쪽 바늘에 만들어진 모습.

⑦
②~⑥에서 만든 왼쪽 바늘의 코를 겉뜨기로 2코 뜬다.

⑧
2코째에 1코째를 덮어씌워, 덮어씌운 코를 만든다.

⑨
같은 방법으로 모두 4코를 덮어씌운 코를 한다. 1단째의 1코째가 만들어졌다.

링뜨기 knit-loop stitch see page > **20/72**

겉

안

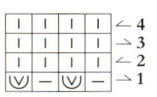
= 링뜨기

①
1단째(안쪽). 중지에 맞은편에서 앞쪽으로 실을 2회 감아 고리를 만든다.

②
중지를 뜨개 쪽으로 굽히고, 오른쪽 바늘로 화살표처럼 실을 떠올린다.

③
고리를 떠올린 모습. 중지에 고리를 건 채, 화살표처럼 왼쪽 바늘의 코에 오른쪽 바늘을 넣는다.

④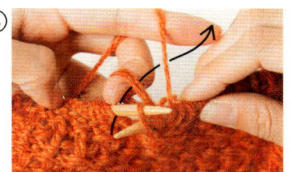
왼쪽 바늘에서 코를 빼고, 오른쪽 바늘을 화살표처럼 중지의 고리 안과 검지에 걸린 실 밑으로 통과시킨다.

⑤
통과시킨 모습.

⑥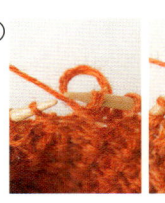
중지를 고리에서 빼고, 다음 코를 겉뜨기 한다. 맞은편(겉쪽)에 고리가 만들어졌다.

연근 스티치 lotus roots stitch see page > 24/64

겉
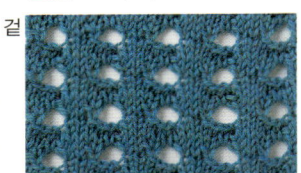
안
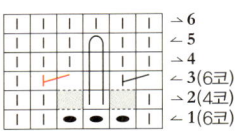

①
1단째(겉쪽). 겉뜨기 1코, 덮어씌운 코 3코를 뜬다.

②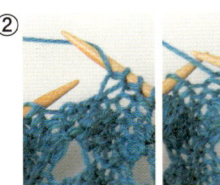
2단째(안쪽). 안뜨기 2코를 뜨고, 앞 단이 덮어씌운 코인 경우는 걸기코를 해서 다시 안뜨기 1코를 뜬다.

③
3단째(겉쪽). 오른 코 늘려뜨기를 한다. 오른쪽 바늘로 1단 아래의 코를 화살표처럼 1가닥 떠올리고 겉뜨기를 한다.

④
왼쪽 바늘에 걸려 있는 코를 겉뜨기한다. 코의 오른쪽에 1코가 늘었다.

⑤
앞 단의 걸기코를 왼쪽 바늘에서 빼고, 걸기코를 한다.

⑥
변형 오른 코 늘려뜨기를 한다. 오른쪽 바늘로 1단 아래의 코를 화살표처럼 2가닥 떠올리고 겉뜨기를 한다.

⑦
왼쪽 바늘에 걸려 있는 코를 겉뜨기한다. 코의 오른쪽에 1코가 늘었다.

⑧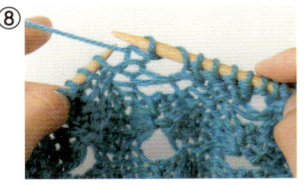
4단째(안쪽). 안뜨기 3코를 뜨고, ⑤의 요령으로 앞 단의 걸기코를 왼쪽 바늘에서 빼고 걸기코를 한 다음, 다시 안뜨기를 한다.

⑨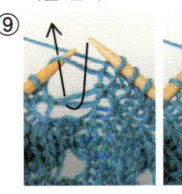
5단째(겉쪽). 겉뜨기 2코를 뜨고, 화살표처럼 3단 분의 걸기코를 끌어올려 겉뜨기한다.

바다거품 스티치 seafoam stitch see page > 25/68

겉

안
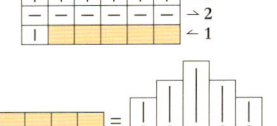

①
1단째(겉쪽). 변형 드라이브뜨기(2회 감기)를 한다. 겉뜨기 1코를 뜨고, 오른쪽 바늘에 앞쪽에서 맞은편으로 실을 2회 감는다.

②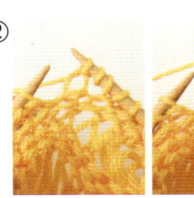
변형 드라이브뜨기(3회 감기)를 한다. 겉뜨기 1코를 뜨고, 오른쪽 바늘에 앞쪽에서 맞은편으로 실을 3회 감는다.

③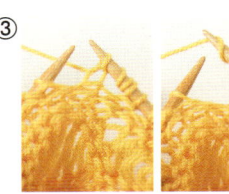
변형 드라이브뜨기(4회 감기)를 한다. 겉뜨기 1코를 뜨고, 오른쪽 바늘에 앞쪽에서 맞은편으로 실을 4회 감는다.

④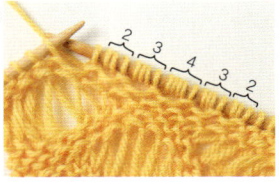
같은 방법으로 그림처럼 변형 드라이브뜨기(3회 감기), (2회 감기)를 하고 겉뜨기 1코를 뜬다.

⑤
2단째(안쪽). 겉뜨기를 한다. 바늘에 감긴 실을 푼다.

⑥
같은 방법으로 모든 코를 겉뜨기한다. 감겨 있던 분량만큼 길이가 된다.

구름과 산 clouds and mountains stitch　see page > 30/74

겉

안

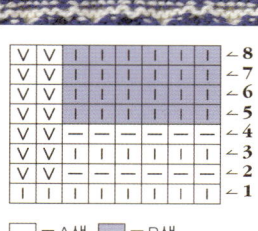
☐ = A색　■ = B색

① 2단째(겉쪽). A색으로 안뜨기 6코를 뜬다.

② 실을 맞은편에 두고, 2코 걸러뜨기를 한다.

③ 3단째(겉쪽). A색으로 겉뜨기 6코를 뜬다.

④ 앞 단의 걸러뜨기를 한 위치에서 같은 방법으로 2코 걸러뜨기를 한다. 4단째는 2단째와 같은 방법으로 뜬다.

⑤ 5단째(겉쪽). B색으로 바꾸고, 겉뜨기 6코를 뜬다.

⑥ 2~4단째의 걸러뜨기를 한 위치에서 같은 방법으로 2코 걸러뜨기를 한다. 매단 걸러뜨기를 한 2코는 그대로 A색으로 한다.

페어 아일 니트의 포인트 레슨　see page > 18/69

스틱을 자른다　스틱이란 목이나 소매에 트임을 만들지 않고 원형으로 뜬 다음, 나중에 잘라 트임을 만들기 위한 절개선 시접을 말한다.

① 앞뒤 몸판을 원형으로 뜨고, 어깨를 이은 모습. 앞 중심, 진동 둘레, 앞뒤 목둘레에 스틱이 있다.

② 위에서 본 모습. 앞 목둘레와 뒤 목둘레의 스틱도 어깨에서 연결해 있다.

③ 앞 중심 스틱 12코의 중앙을 가위로 자른다. 몸판을 함께 자르지 않도록 주의해서 일직선으로 자른다.

④ 앞뒤 목둘레의 스틱을 연결해서 자른다. 잘 풀리지 않는 실이기 때문에 자른 면은 그대로 둔다.

목둘레 코를 줍는다

⑤ 오른쪽 앞 목둘레의 쉼코 11코를 2호 줄바늘(80cm)로 줍는다.

⑥ 진감색 실로 바늘에 걸린 코를 겉뜨기 한다.

⑦ 연결해서 몸판과 스틱 사이에 바늘을 넣고 오른쪽 앞 목둘레에서 24코를 줍는다.

⑧ 연결해서 뒤 목둘레에서 코를 줄이면서 46코, 왼쪽 앞 목둘레에서 24코, 왼쪽 앞의 쉼코 11코, 이렇게 총 116코를 줍는다.

스틱을 마무리한다　이해하기 쉽도록 색을 바꿔서 했지만, 실제로는 진감색의 같은 실을 사용한다.

⑨ 별도로 뜬 앞단을 몸판과 스틱 사이에 걸쳐진 실을 주워 떠서 꿰매기 해 있다. 스틱 끝의 2코를 잘라낸다.

⑩ 4코를 남긴다. 몸판을 함께 자르지 않도록 주의한다.

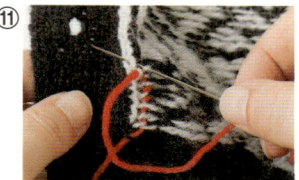
⑪ 남긴 4코 중 2코를 안쪽으로 접고, 2코째의 반코와 몸판 사이에 걸쳐진 실을 떠서 감침질한다. 진동둘레, 목둘레의 스틱도 같은 방법으로 마무리한다.

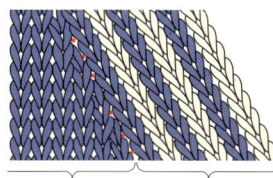
앞 목둘레 바늘 넣는 방법

오른쪽 앞　스틱

한 달에 두 번 도심에서 뜨개 모임을 갖는다.
교실이 있는 15층의 엘리베이터에서 내리면 시가지가 한눈에 들어온다.
고궁 안 정원은 신록이 가득하고, 그 저편으로 보이는 바다.
내가 사는 곳은 어디쯤 있을까.
학생들로 가득한 복도를 빠져나와
마침내 교실에 도착하면 안도의 한숨이 나온다.
먼저 온 사람들이
책상을 마주하고 서로의 근황을 묻고 있으면
나도 재빨리 그 속에 끼여 귀를 기울인다.

이곳은 오롯이 뜨개를 위한 공간.
잡다한 일상사를 뒤로하고, 몇 시간의 즐거움을 찾아 모인다.
이 모임은 매우 끈끈한 연대감이 있다.
'뜨개'라는 단어가 모두를 하나로 만든다.

잘하는 사람은 모르는 사람을 가르쳐주고,
오늘 못 온 사람을 대신해 상황을 보고해준다.
말하느라 손을 자주 멈추는 사람이 있고
그 얘기를 배경음악 삼아 살짝 웃어주며 쉼 없이 뜨는 사람도 있다.
선생인 나는
그 주위를 맴돌며, 질문에 답하거나 말과 손을 보탠다.

그러는 사이 어느덧
마음이 가벼워지는 것을 느낀다.
특별히 힘든 일은 없어도
업무나 집안일로 많이 지쳐 있었나 보다.
조금 거리를 둔 지금이 편하게 느껴진다.
함께 뜨개를 하는 시간이 내게는 안식이 된다.
어쩌면 여기 모인 모두가 그렇지 않을까.
이런 느낌을 오랫동안 잊고 지냈다.

뜨개를 시작할 때, 함께하는 사람이 있으면 좋다.
주변에 뜨는 사람이 없으면 직접 가르쳐보는 것도 괜찮다.
뜨개가 어렵다는 생각을 버리고,
즐거운 마음으로 시작해보자.
같이할 사람을 좀처럼 찾지 못하면, 이 책과 함께하는 건 어떨까.
좋은 친구가 되고 싶다.

미쿠니 마리코

page 03,04 헨리 넥 스웨터

실: 병태사 샌드베이지 390g(퍼피 셰틀랜드 7)
도구: 줄바늘(80cm) 7호, 9호, 대바늘 7호, 9호 2개
기타: 지름 1.7cm 단추 5개
게이지: 무늬뜨기 21코 28단이 사방 10cm
사이즈: 가슴둘레 92cm, 옷 길이 58cm,
　　　　화장(등솔기에서 소매 끝) 62.5cm

뜨는 방법: 실은 1가닥으로 뜬다. 앞뒤 몸판은 손가락에 실을 거는 방법으로 188코 시작코로 원형을 만들어, 7호 줄바늘로 2코 고무뜨기를 한다. 9호 줄바늘로 바꿔서 192코로 늘리고, 63단을 원형으로 뜬다. 앞트임에서 실을 잇고 덮어씌운 코를 한 다음, 연결해서 소매 아래까지 왕복으로 뜬다. 래글런 선부터는 대바늘 2개로 바꿔서 오른쪽 앞을 뜬다. 오른쪽 옆선에서 실을 잇고 덮어씌운 코를 한 뒤, 뒤판을 뜬다. 왼쪽 옆선에서 실을 잇고 덮어씌운 코를 한 뒤, 왼쪽 앞을 뜬다. 소매는 같은 방법으로 50코 시작코를 만들어 7호, 9호 대바늘 2개로 2코 고무뜨기와 무늬뜨기로 코를 증감하면서 뜨고, 뜨개 마지막은 덮어씌워 코막음한다. 소매 아래를 떠서 꿰매기하고, 몸판에 떠서 꿰매기로 잇는다. 목둘레를 2코 고무뜨기 한다.
앞트임의 덧단은 앞 몸판과 목둘레에서 코를 주워, 오른쪽 앞에는 단춧구멍을 내면서 2코 고무뜨기로 뜨고, 아래쪽 끝은 앞 몸판에 붙인다. 단추를 단다.

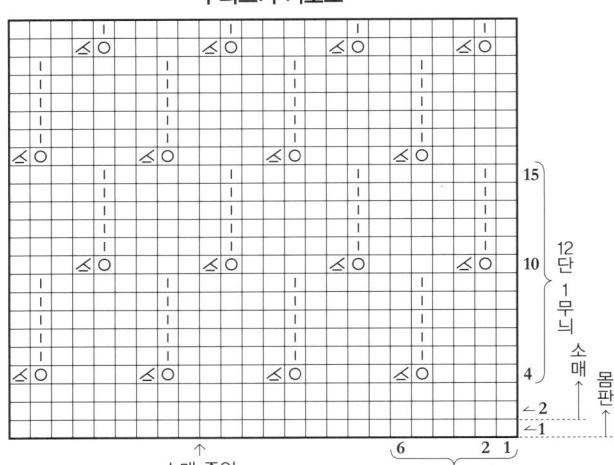

무늬뜨기 기호도

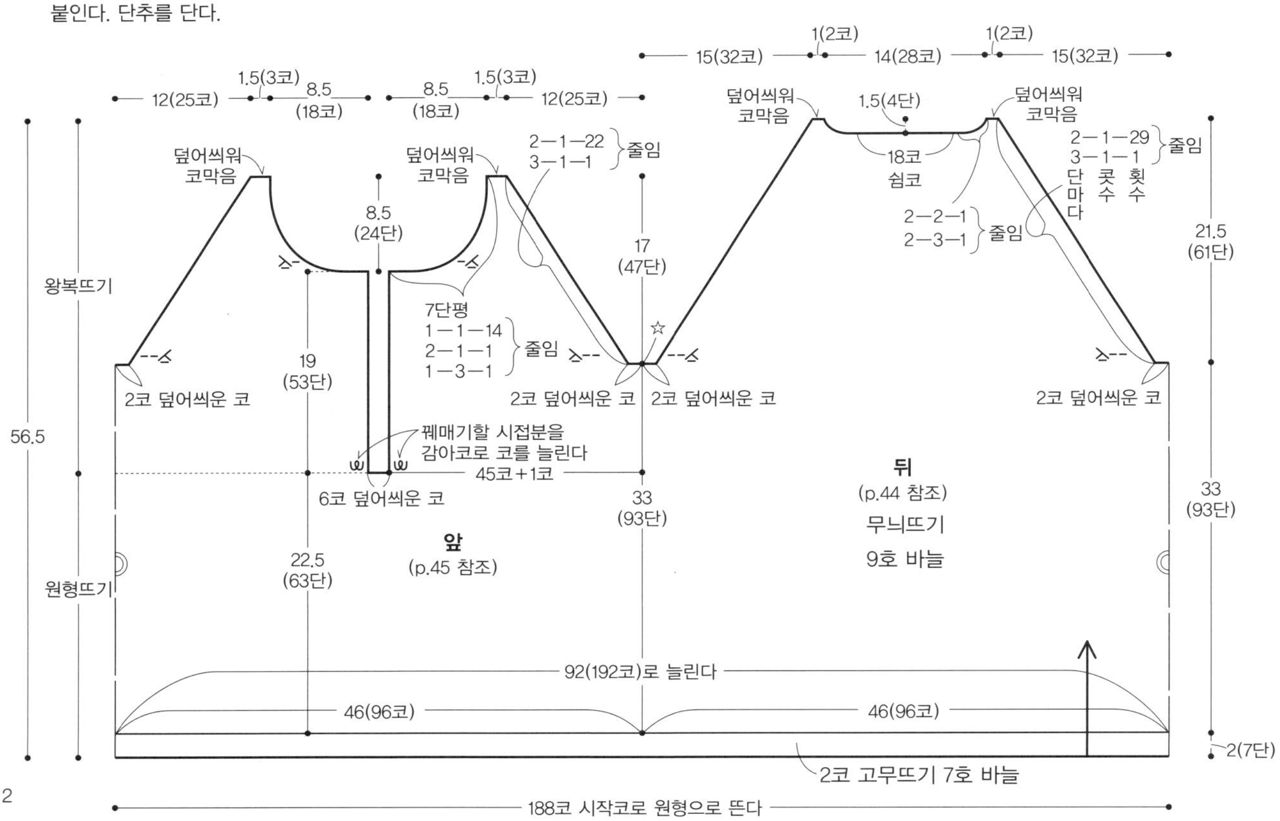

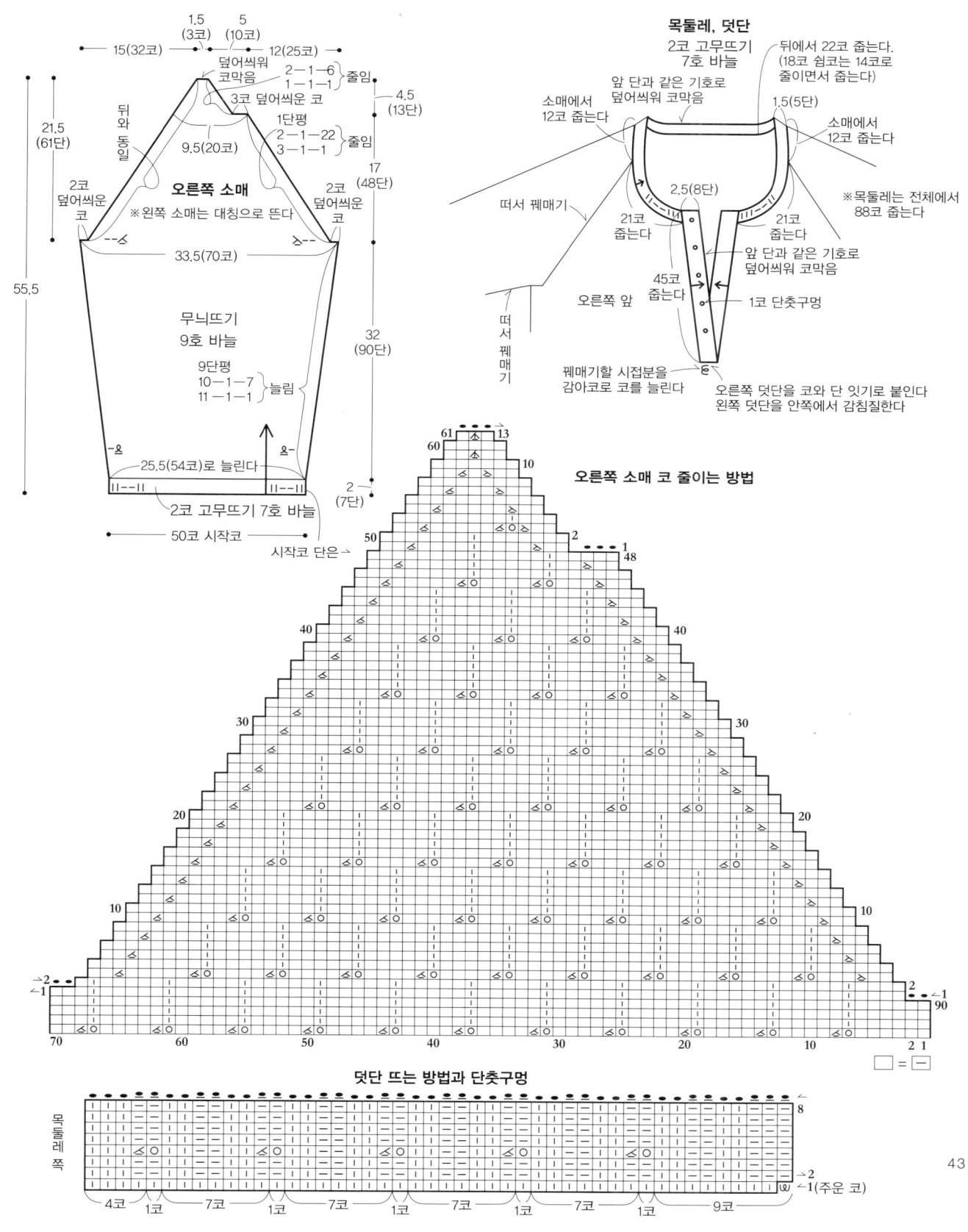

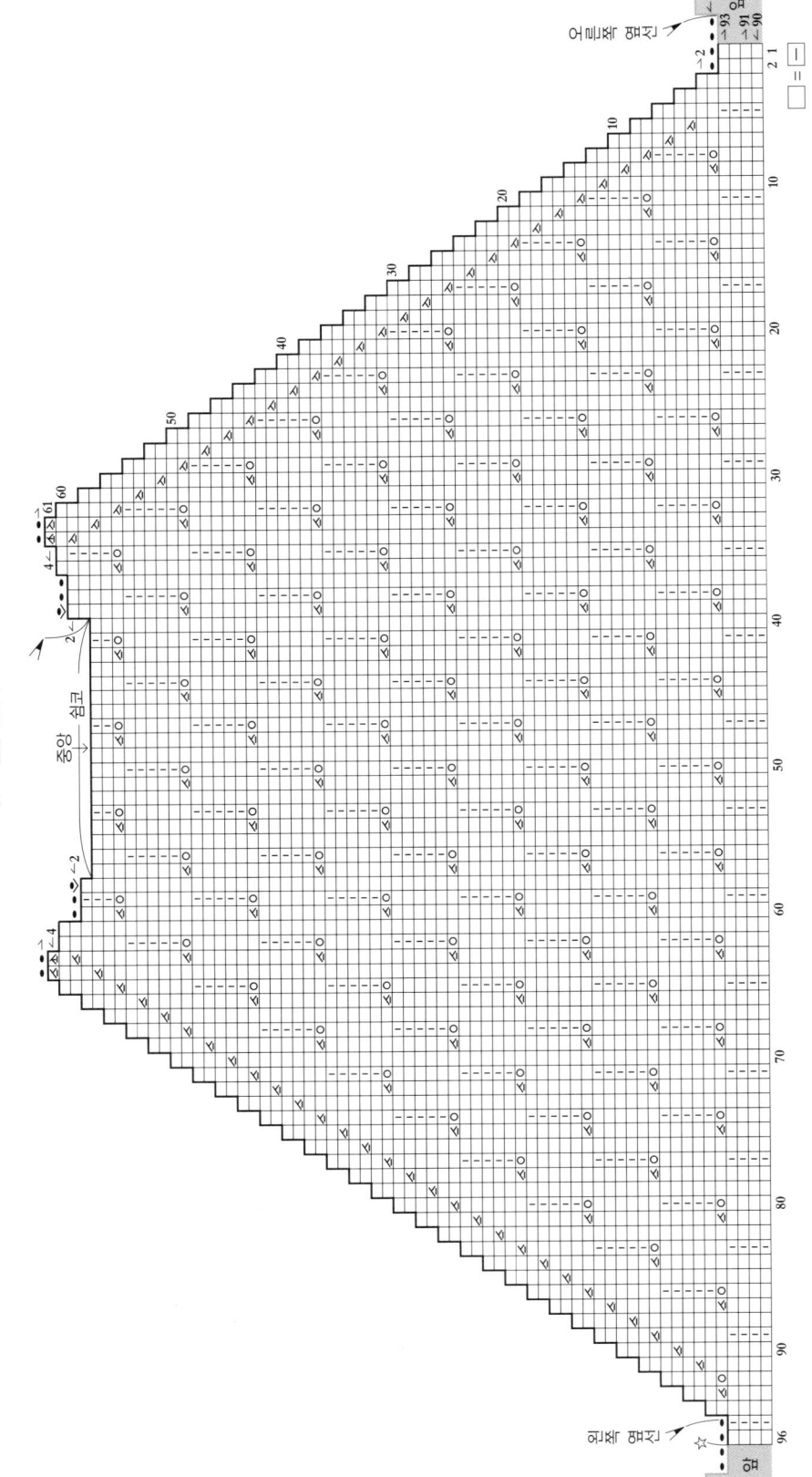

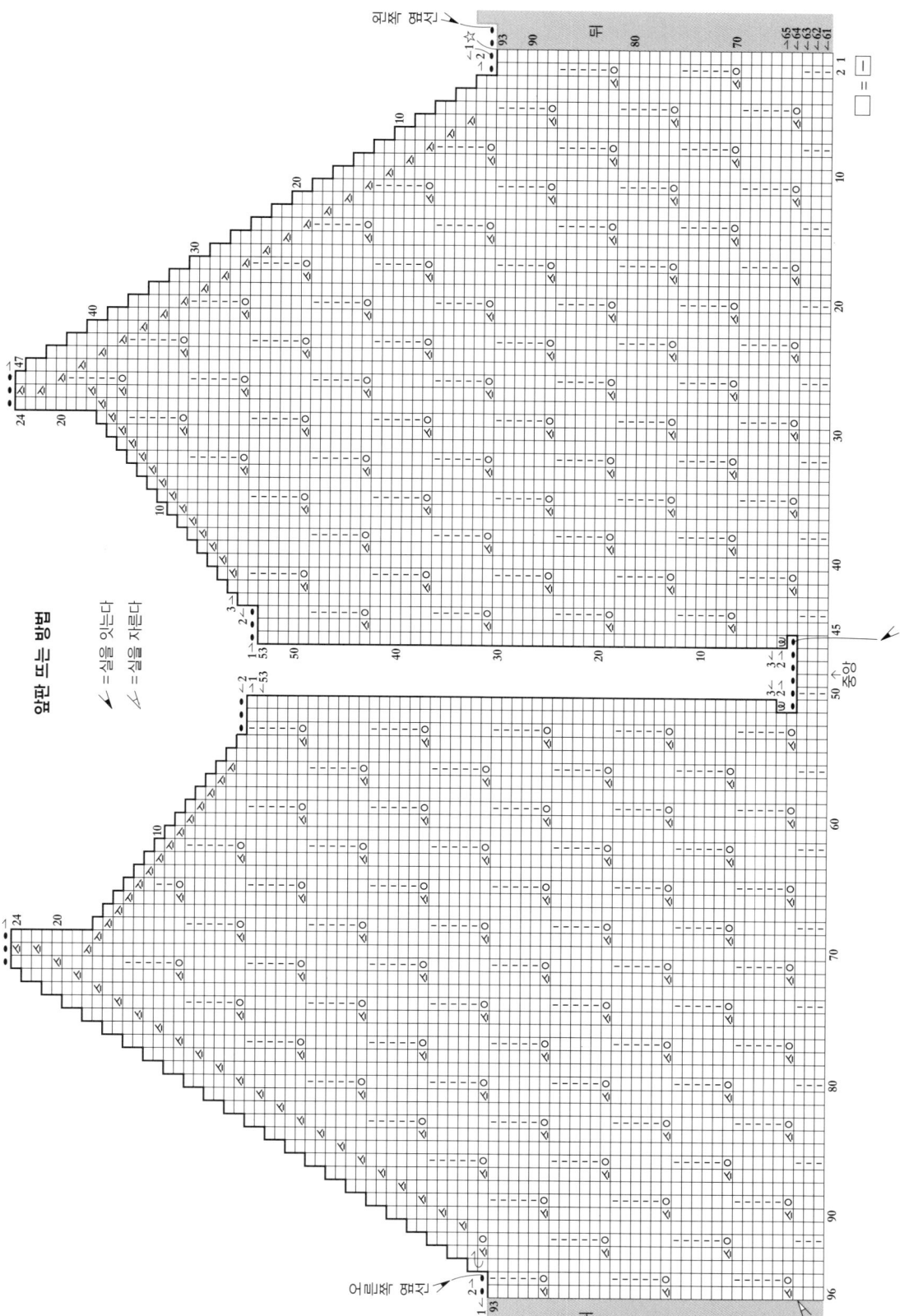

page 04, 06 곰 벙어리장갑

실: 중세사 오프화이트 35g(제이미슨즈 셰틀랜드 스핀드리프트 104/natural white)
도구: 대바늘 4호 4개, 털실자수용 바늘
기타: 자수용 털실 자주색, 블루그레이, 갈색, 노란색, 그레이, 차콜그레이 각각 조금씩(애플톤 크루엘 울 106, 154, 767, 844, 964, 967)
게이지: 메리야스뜨기 26코 41단이 사방 10cm
사이즈: 손바닥 둘레 20cm, 길이 19.5cm
뜨는 방법: 실은 1가닥으로 뜬다.

손가락에 실을 거는 방법으로 40코 시작코로 원형을 만들어, 무늬뜨기(p.35 '양 꼬리 스티치' 참조)를 한다. 52코로 늘려 메리야스뜨기를 하는데, 엄지구멍(좌우로 위치를 바꾼다) 아래쪽은 다른 실을 꿰어 코를 쉬게 하고, 위쪽의 코를 시작한다(p.90 참조). 손가락 끝을 그림처럼 줄이고, 남은 8코에 실을 꿰고 조인다. 다른 실을 빼고 코를 주워(p.90 참조), 엄지를 메리야스뜨기 한다. 손등 쪽에 수를 놓는다.

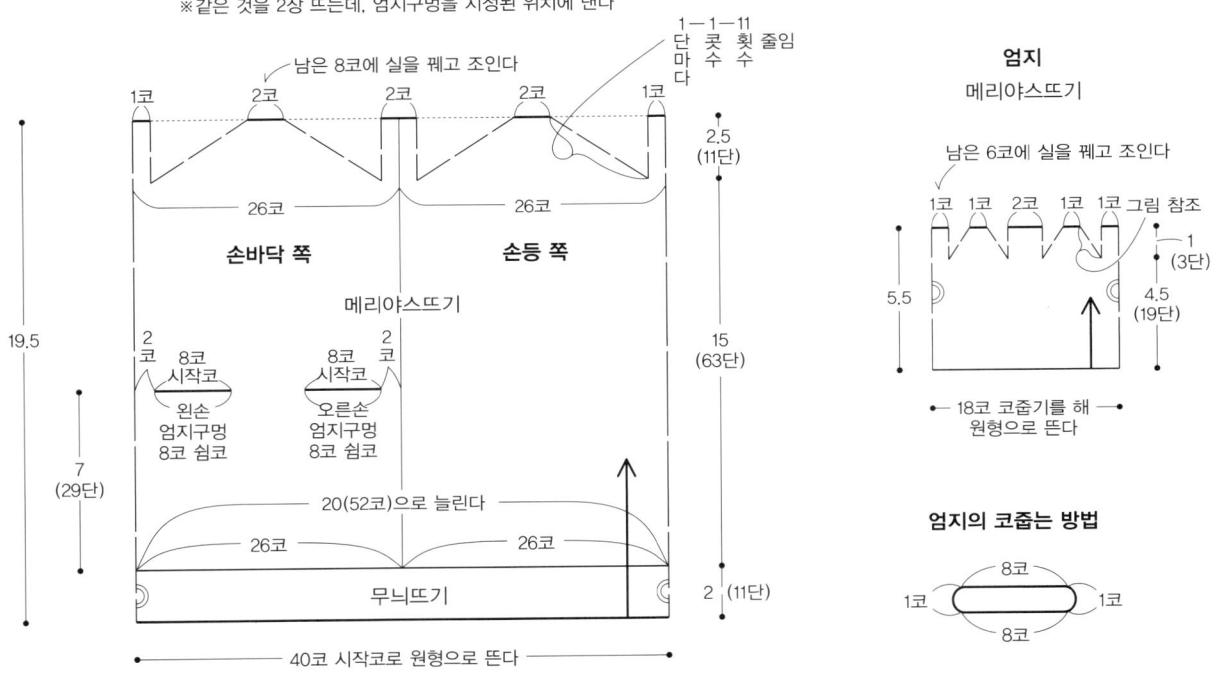

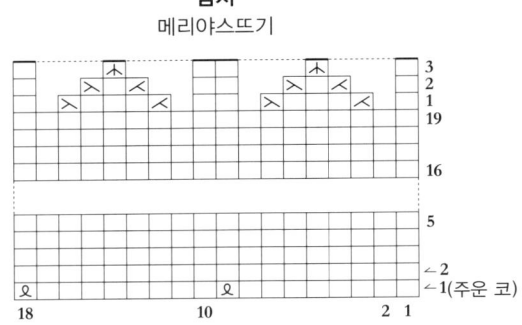

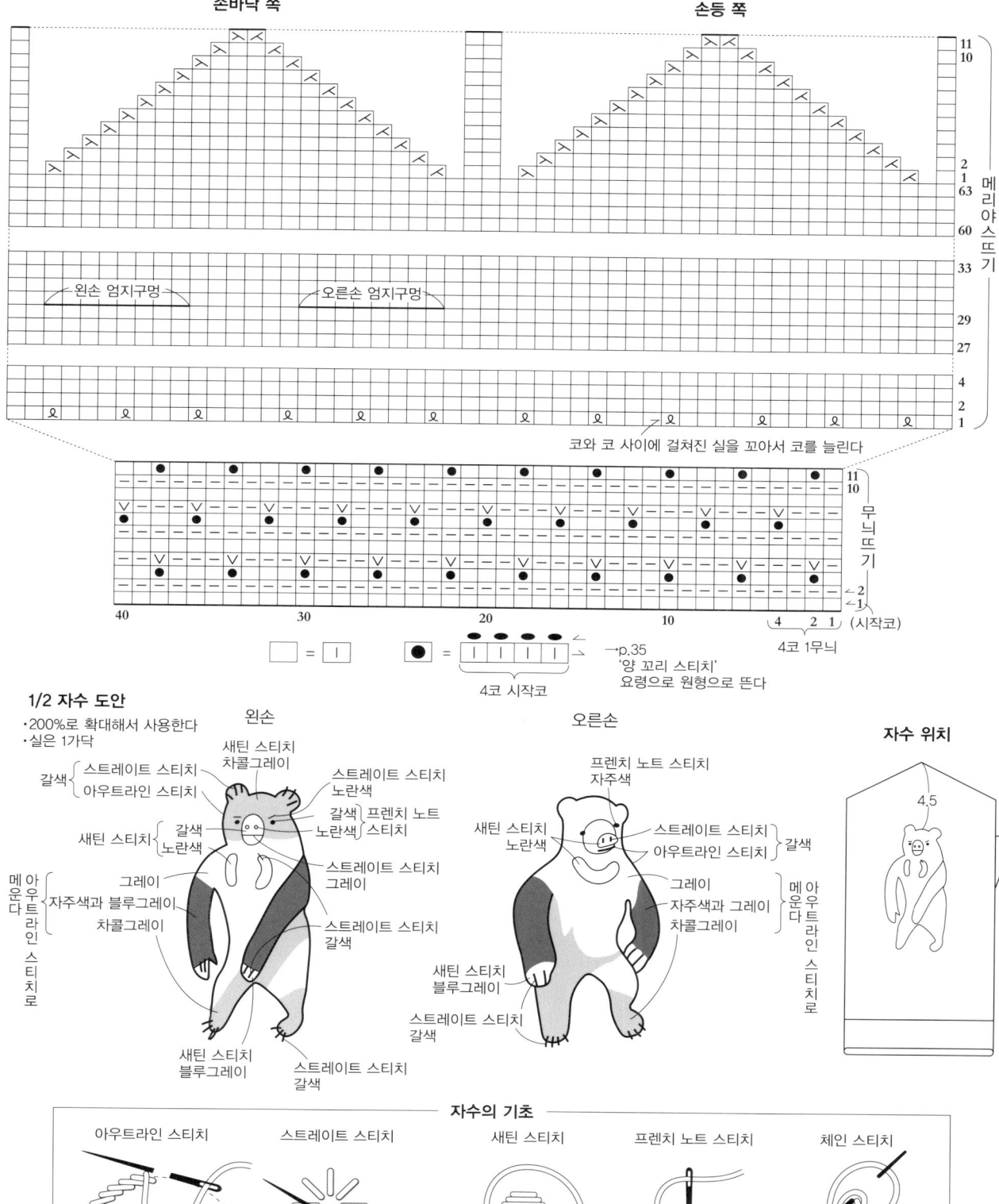

page 07 둥근 꽃무늬 양말

실: 병태사 붉은색 90g(퍼피 셰틀랜드 29)
도구: 대바늘 6호, 12호 4개
게이지: 무늬뜨기 A 20코 17단이 사방 10cm
　　　　메리야스뜨기 22코 33단이 사방 10cm
사이즈: 발 크기 23cm, 길이 22.5cm
뜨는 방법: 실은 1가닥으로 뜬다.
왼발을 뜬다. 발목은 손가락에 실을 거는 방법으로 42코 시작코로 원형을 만들어, 6호 바늘로 가터뜨기를 6단 뜨는데, 맨 마지막 단에서 40코로 줄인다. 12호 바늘로 바꿔서 발목을 무늬뜨기 A(p.34 '아네모네 스티치' 참조)로 뜨는데, 맨 마지막 단은 겉뜨기를 하면서 44코로 늘린다. 6호 바늘로 바꿔서 발등 쪽 11코를 뜨고, 발뒤축을 무늬뜨기 B로 코의 증감 없이 왕복해서 뜨고, 발뒤꿈치를 메리야스뜨기로 되돌아뜨기 하면서 뜬다. 이때 발등 쪽 22코(★, ☆)는 쉬어 둔다. 지정된 위치에서 원형으로 코를 주워, 메리야스뜨기로 그림처럼 코를 줄이면서 14단 뜬다. 연결해서 발등과 발바닥을 코의 증감 없이 44단 뜨고, 발끝은 그림처럼 코를 줄여 남은 14코를 7코씩 메리야스 잇기 한다. 오른발은 발끝의 소지(새끼발가락)와 엄지 쪽을 반대로 뜬다.

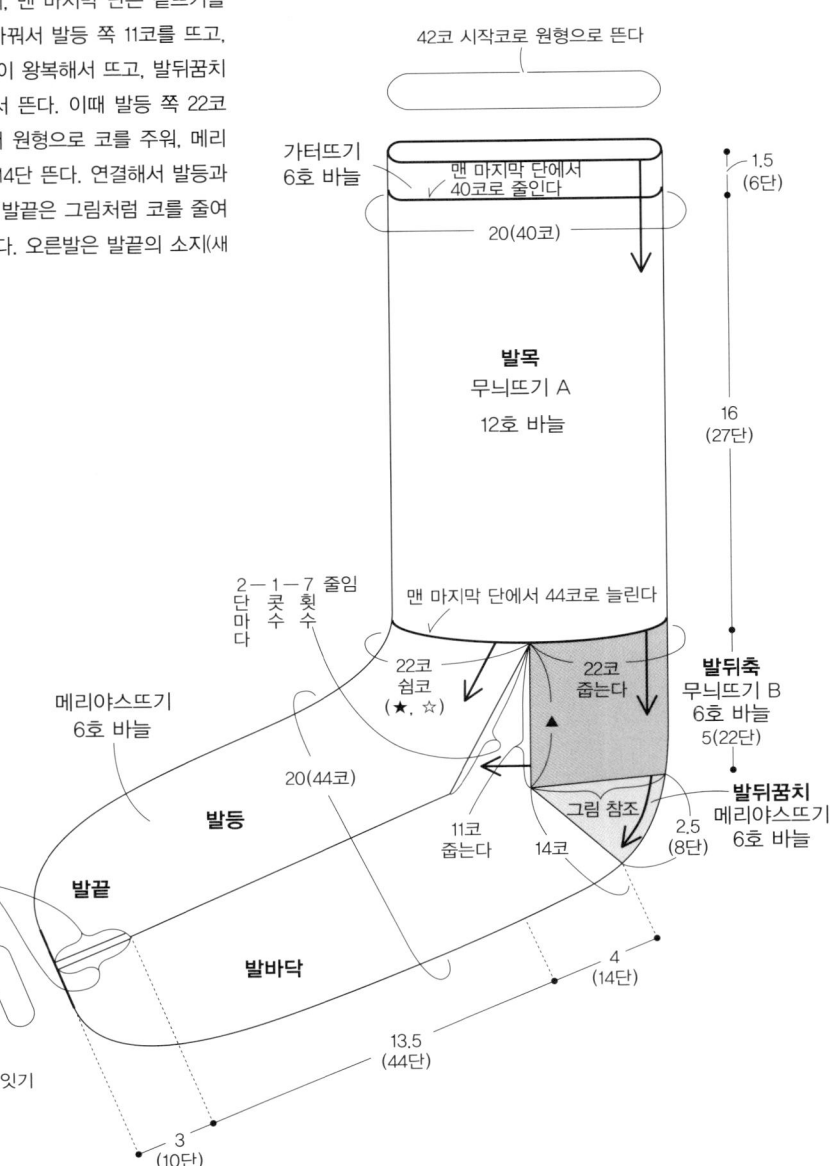

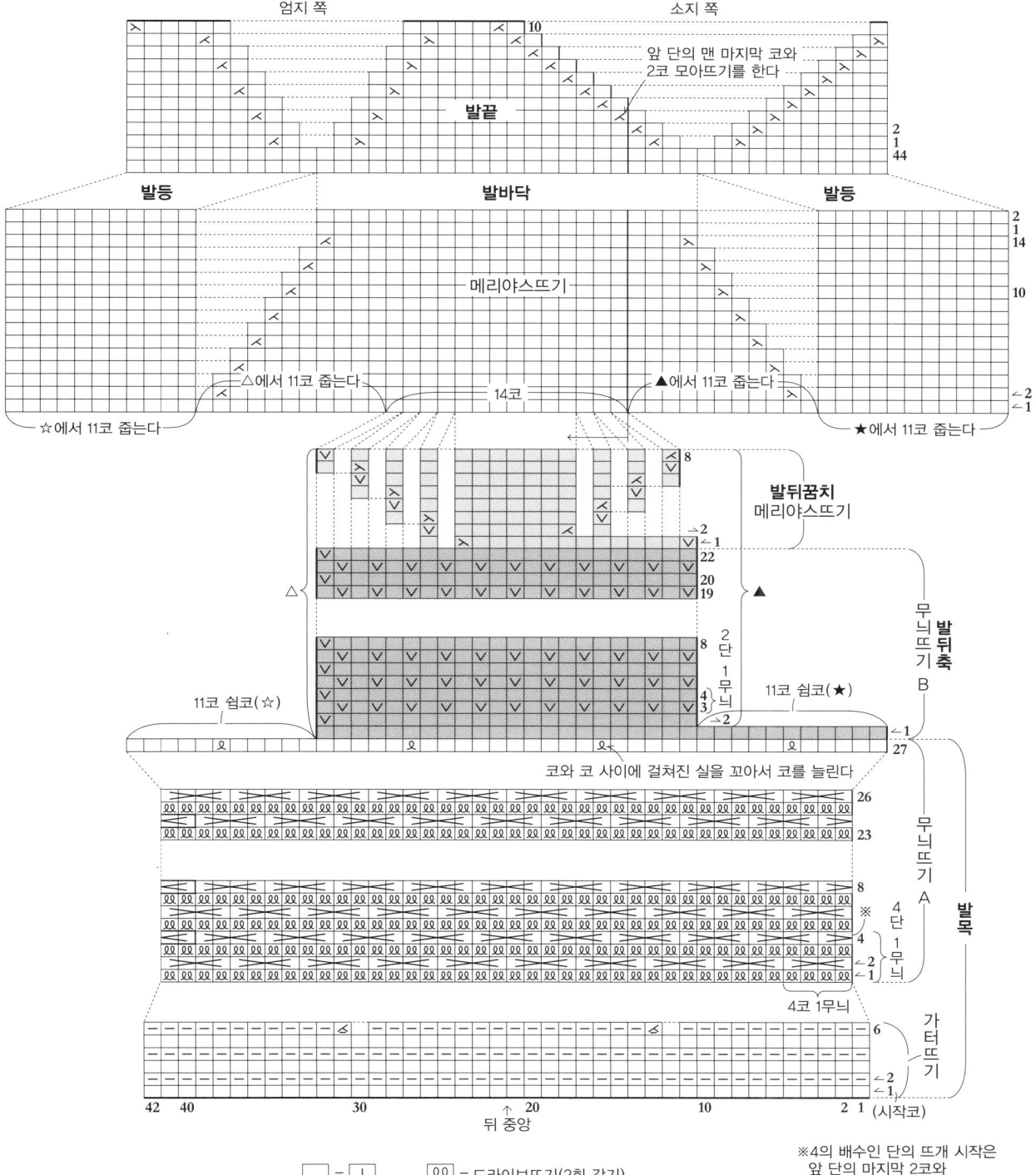

page 10 뿔 무늬 양말

실: 병태사 오프화이트 115g(퍼피 셰틀랜드 50)
도구: 대바늘 6호 4개
게이지: 무늬뜨기 A 24코 39.5단이 사방 10cm
메리야스뜨기 22코 33단이 사방 10cm
사이즈: 발 크기 23cm, 길이 21cm
뜨는 방법: 실은 1가닥으로 뜬다.

오른발을 뜬다. 발목은 손가락에 실을 거는 방법으로 38코 시작코를 만들어 가터뜨기와 무늬뜨기 A(p.35 '양꼬리 스티치' 참조)로 79단을 뜨고, 뜨개 마지막은 안쪽을 보면서 겉뜨기로 덮어씌워 코막음한다. 뜨개 마지막과 시작코를 메리야스 잇기 해 원형을 만든다. 발뒤축은 코줍기를 해 무늬뜨기 B로 코의 증감 없이 뜨고, 발뒤꿈치를 메리야스뜨기로 되돌아뜨기하면서 뜬다. 지정된 위치에서 원형으로 코줍기를 해 메리야스뜨기로 그림처럼 코를 줄이면서 14단 뜬다. 연결해서 발등과 발바닥을 코의 증감 없이 44단 뜨고, 발끝은 그림처럼 코를 줄이고, 남은 14코를 7코씩 메리야스 잇기 한다. 왼발은 발뒤축을 발목의 40단째에서 코를 줍고, 발끝의 소지와 엄지쪽을 반대로 뜬다.

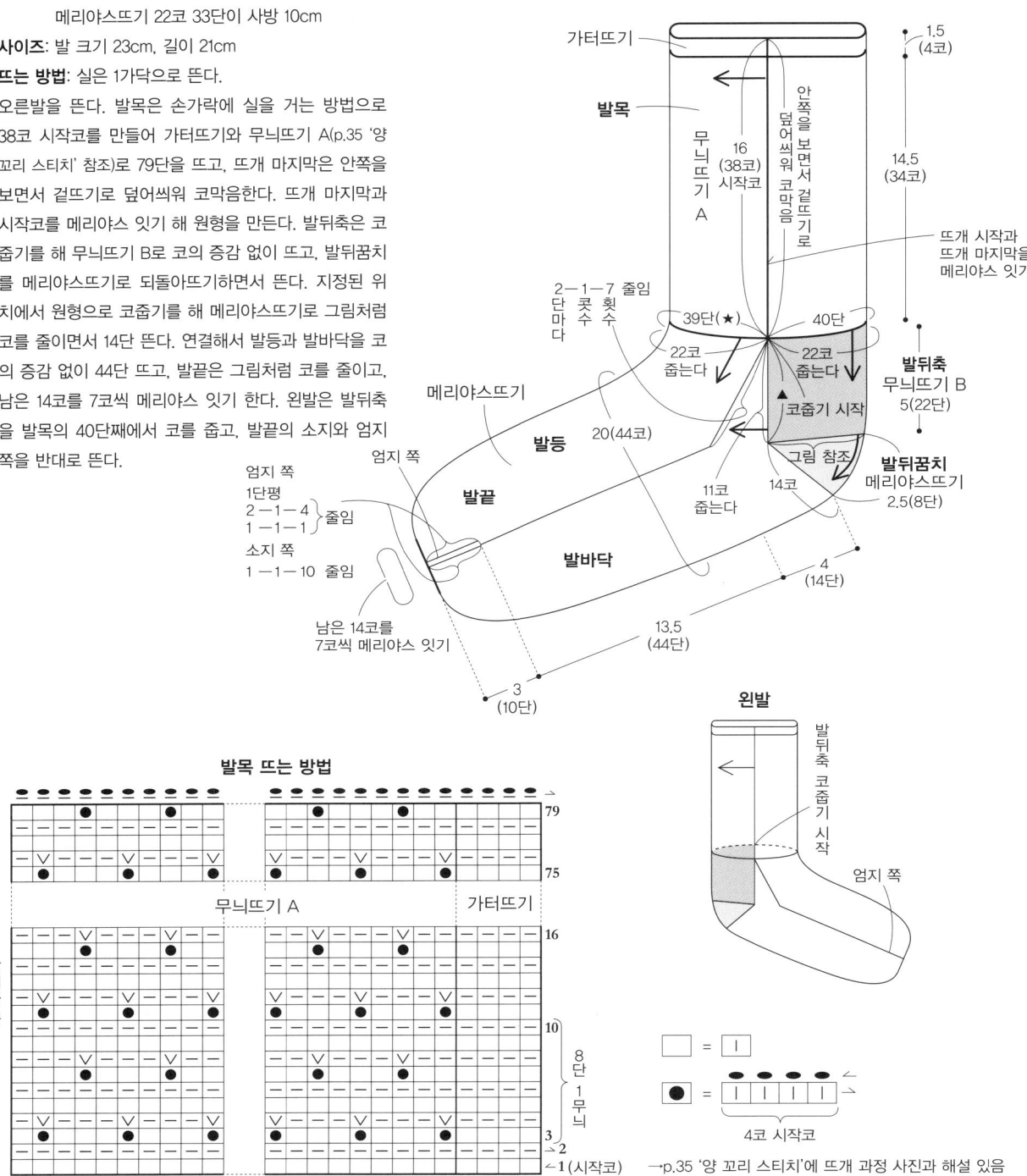

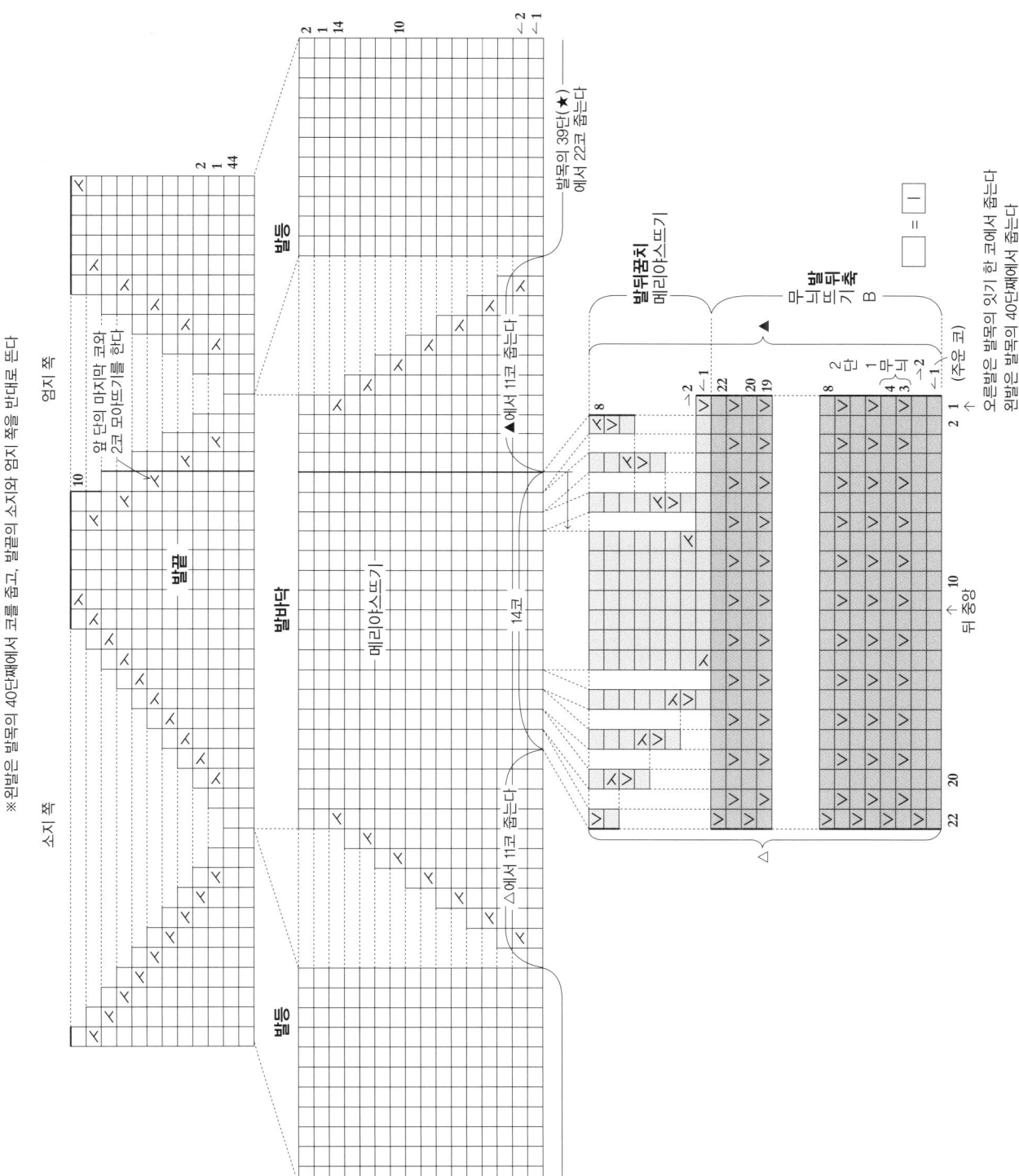

page 11 흰색 모자

실: 병태사 오프화이트 85g(하마나카 소노모노 알파카 울 61)
도구: 대바늘 10호 2개, 대바늘 8호 4개
게이지: 무늬뜨기 20코 37단이 사방 10cm
사이즈: 머리 둘레 52cm, 깊이 24cm
뜨는 방법: 실은 1가닥으로 뜬다.

손가락에 실을 거는 방법으로 34코 시작코를 만들어 10호 바늘로 무늬뜨기를 하고, 뜨개 마지막은 무늬가 연결되도록 덮어씌워 코막음한다. 뜨개 마지막과 시작코를 메리야스 잇기해 원형을 만든다. 8호 바늘로 무늬뜨기한 옆쪽에서 105코를 주워 변형 고무뜨기를 한다. 모자 꼭지의 끝을 성긴 홈질하고, 실을 조인다. 장식 술(방울)을 만들어 모자 꼭지에 단다.

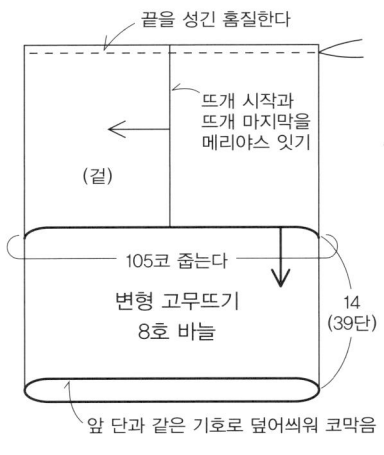

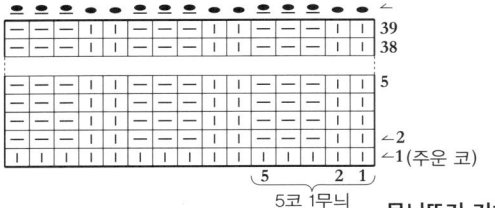

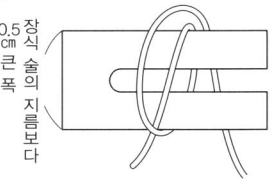

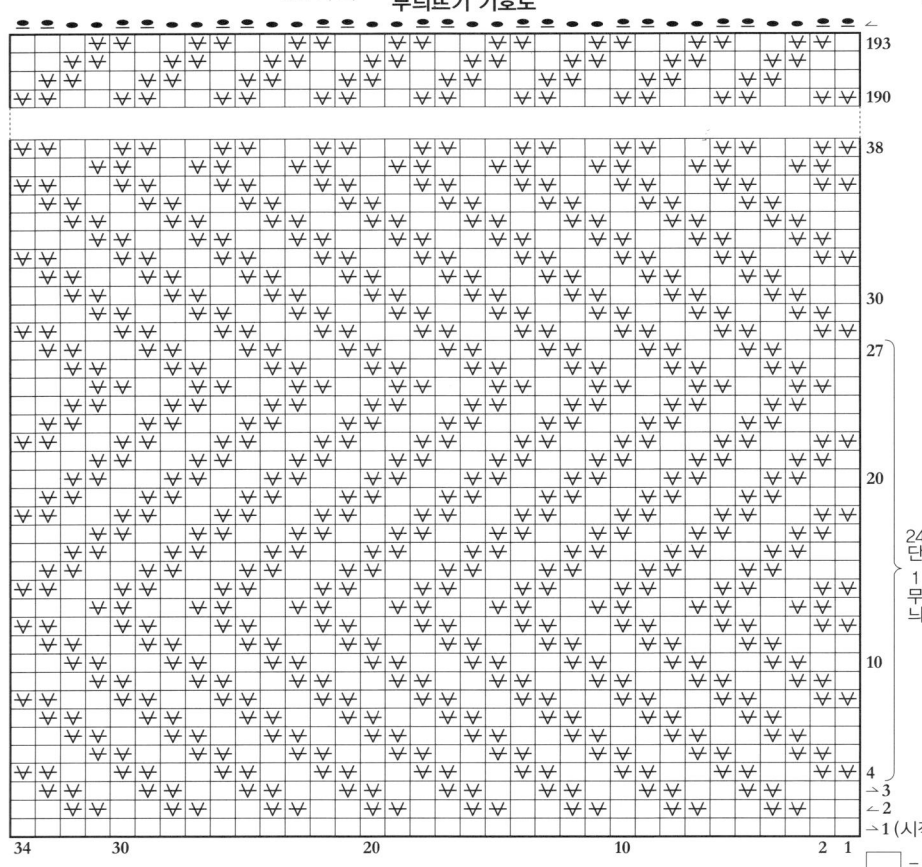

[장식 술 만드는 법]

1
두꺼운 종이에 실을 지정된 횟수만큼 감는다.

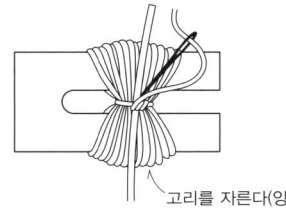

2
중앙을 같은 색 실로 단단히 묶고, 털실을 묶은 매듭에 통과시킨 다음 실 끝으로 감침질한다. 고리 양쪽을 자른다.

3

모양 좋게 정돈한다.

page 08 건지 스웨터

실: 병태사 로열블루 580g(퍼피 셰틀랜드 53)
도구: 줄바늘(80cm) 6호, 7호, 대바늘 6호, 7호 4개
게이지: 메리야스뜨기 21.5코 30.5단이 사방 10cm
　　　　　무늬뜨기 21.5코 32단이 사방 10cm
　　　　　가터뜨기 7코가 3cm, 30단이 10cm
사이즈: 가슴둘레 104cm, 옷 길이 68cm, 화장 80cm
뜨는 방법: 실은 1가닥으로 뜬다.

앞뒤 몸판은 손가락에 실을 거는 방법으로 196코 시작코로 원형을 만들어, 6호 줄바늘로 2코 고무뜨기를 한다. 7호 바늘로 바꿔서 224코로 늘리고, 메리야스뜨기로 코의 증감 없이 94단을 뜬다. 연결해서 옆선 여유분을 메리야스뜨기, 몸판을 가터뜨기와 무늬뜨기로 19단 뜨고, 코를 쉬게 한다. 앞뒤 요크는 각각 코를 주워, 가터뜨기와 무늬뜨기로 왕복해서 뜬다. 어깨를 빼뜨기 잇기 한다. 소매는 7호 4개 바늘로 옆선 여유분과 진동 둘레에서 원형으로 코를 주워, 메리야스뜨기와 2코 고무뜨기를 한다. 목둘레는 원형으로 2코 고무뜨기를 한다.

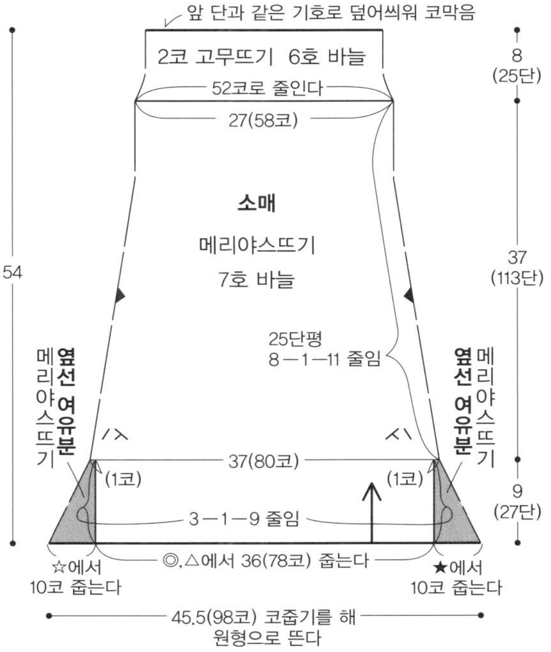

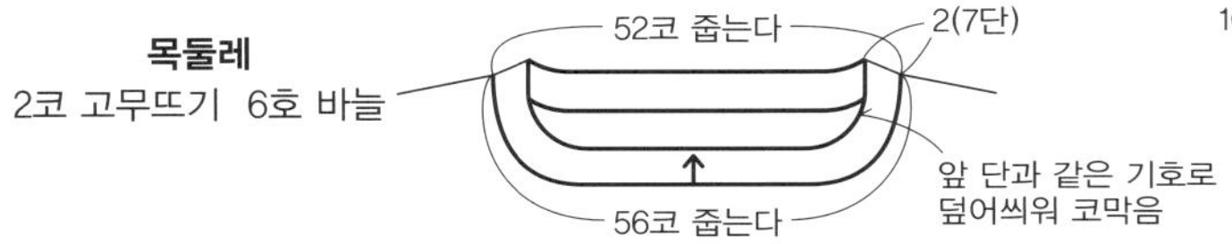

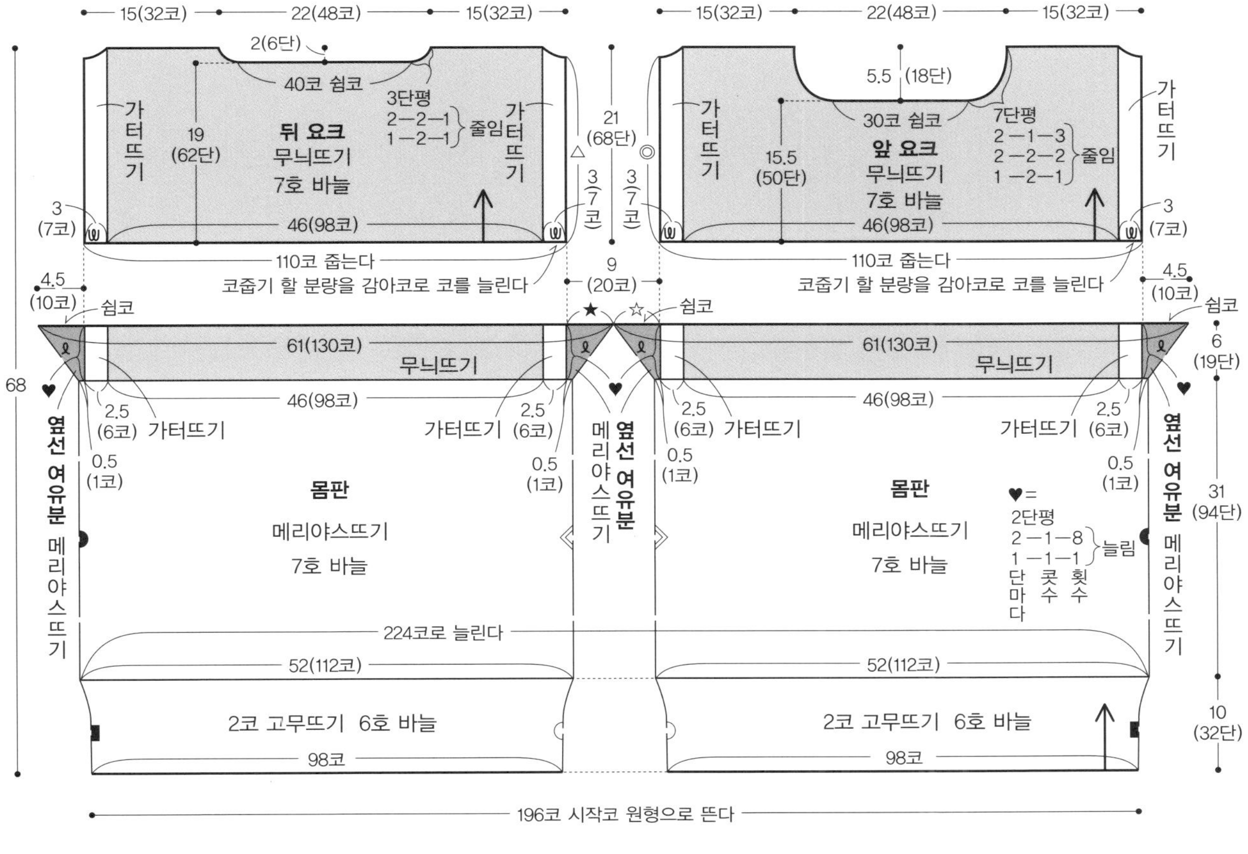

몸판과 옆선 여유분, 앞뒤 요크 뜨는 방법

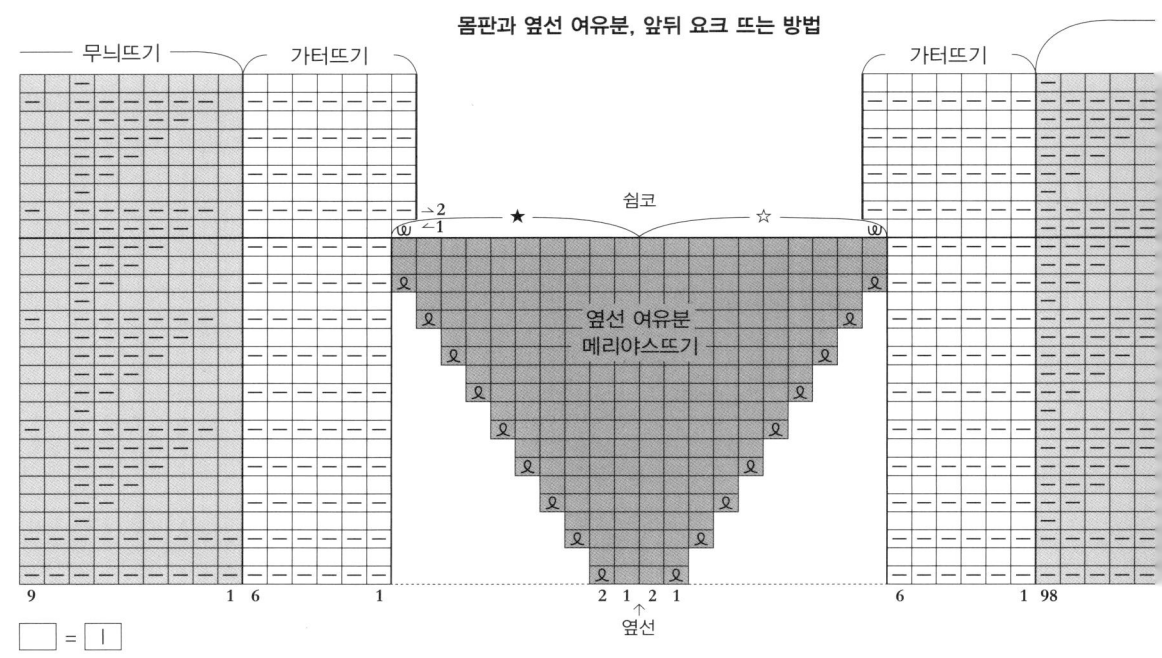

뒤 목둘레 뜨는 방법

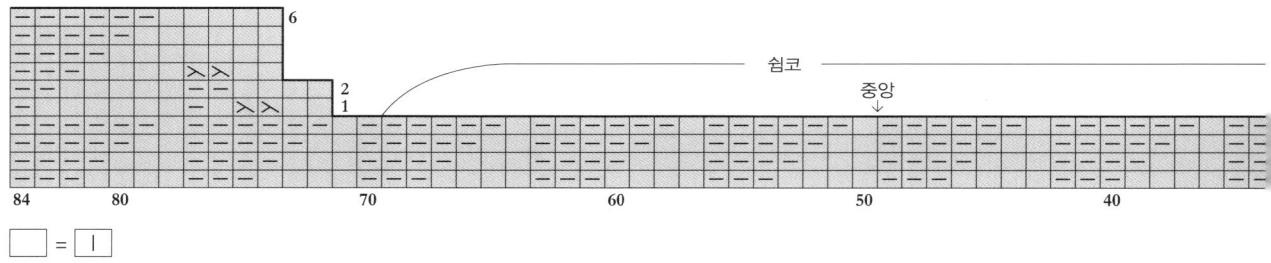

앞 목둘레 뜨는 방법

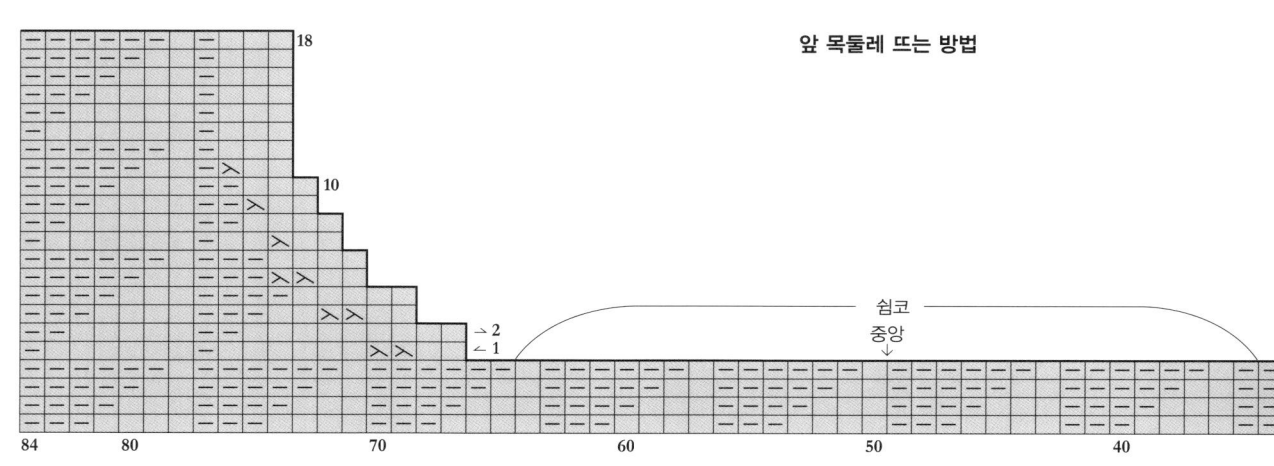

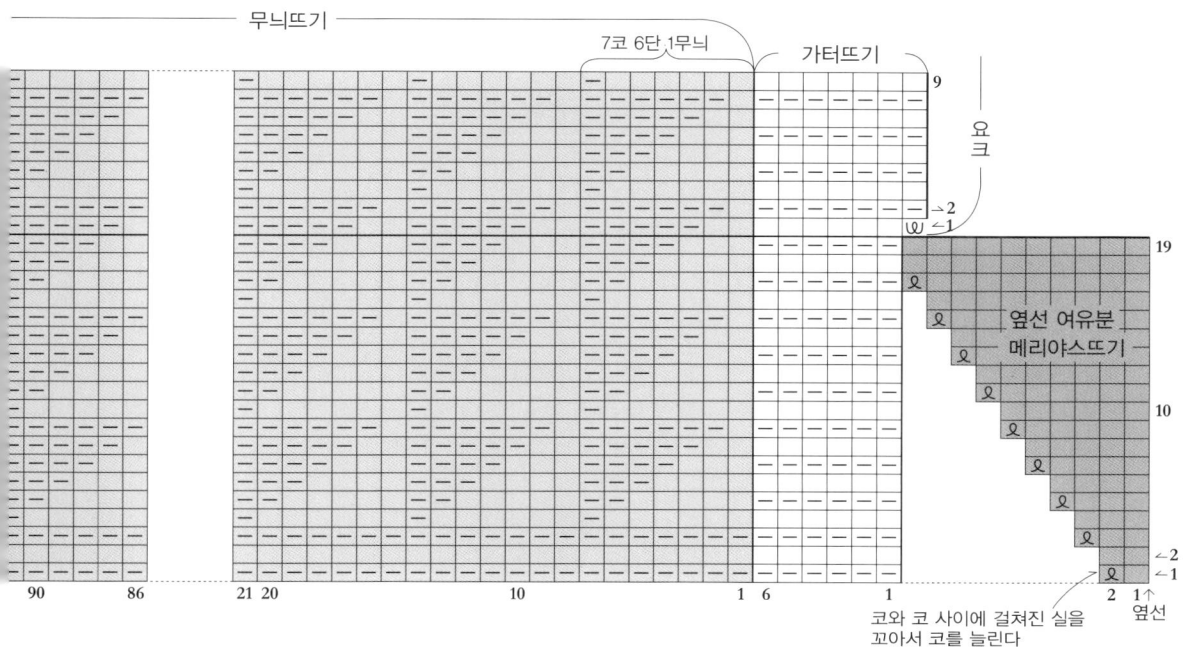

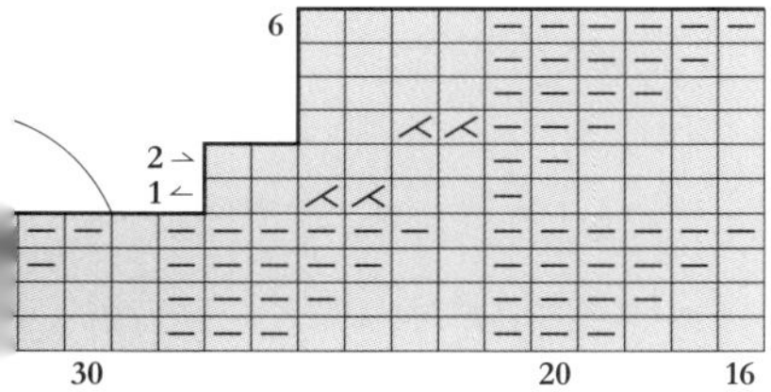

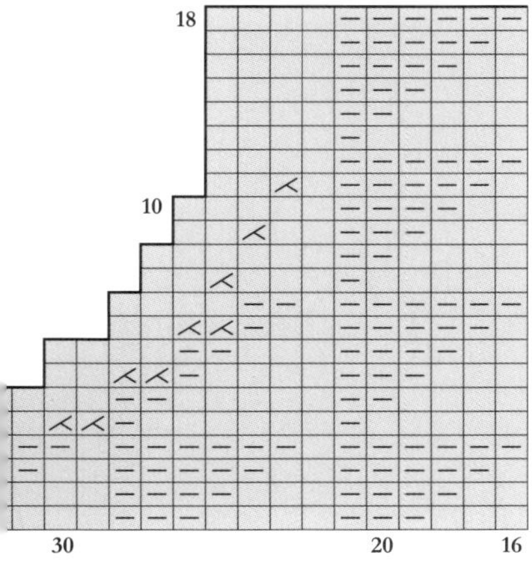

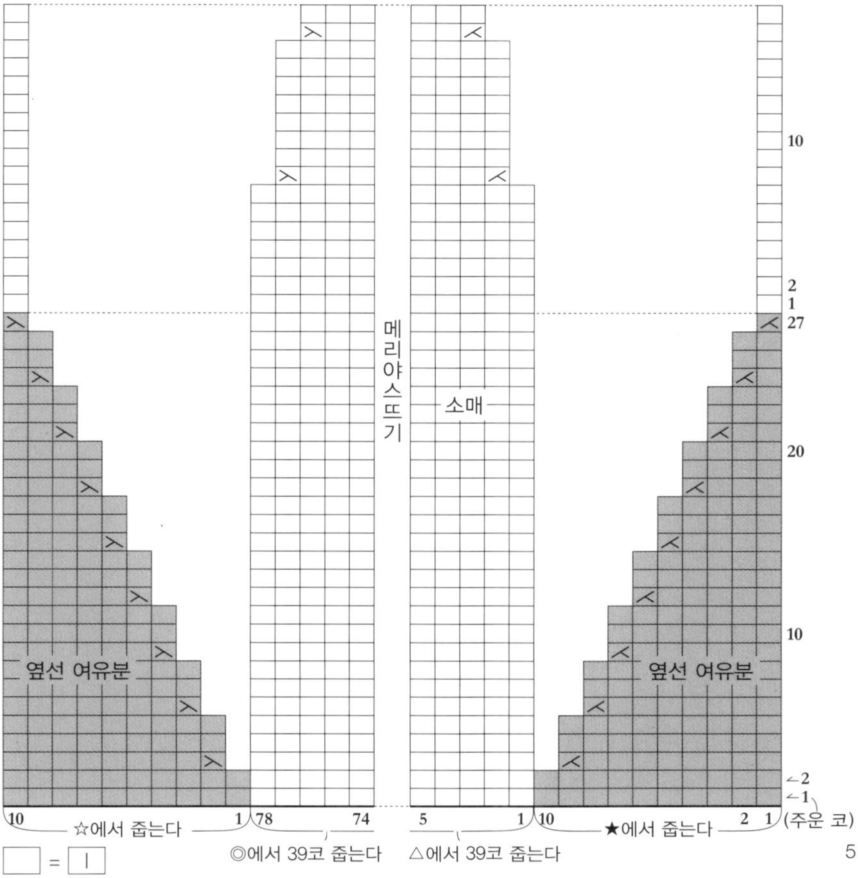

page 14 버섯 벙어리장갑

실: 중세사 진감색(제이미슨즈 셰틀랜드 스핀드리프트 730/dark navy) 35g
도구: 대바늘 4호 4개, 털실자수용 바늘
기타: 자수용 털실 겨자색, 그린, 적갈색, 진붉은색, 물색, 청보라색, 차콜그레이,
흰색 각각 조금씩(애플톤 크루엘 울 311, 434, 479, 501A, 562, 895, 965, 991)
게이지: 메리야스뜨기 26코 41단이 사방 10cm
사이즈: 손바닥 둘레 19cm, 길이 22.5cm
뜨는 방법: 실은 1가닥으로 뜬다.

손가락에 실을 거는 방법으로 42코 시작코로 원형을 만들어, 변형 멍석뜨기를 한다. 50코로 늘려 메리야스뜨기를 하는데, 엄지구멍(좌우로 위치를 바꾼다)의 아래쪽은 다른 실을 꿰어 코를 쉬게 하고, 위쪽의 코를 만든다(p.90 참조). 손가락 끝을 그림처럼 줄이고, 남은 6코에 실을 꿰고 조인다. 다른 실을 빼고 코를 주워(p.90 참조), 엄지를 메리야스뜨기 한다. 손등 쪽에 수(p.47 참조)를 놓는다.

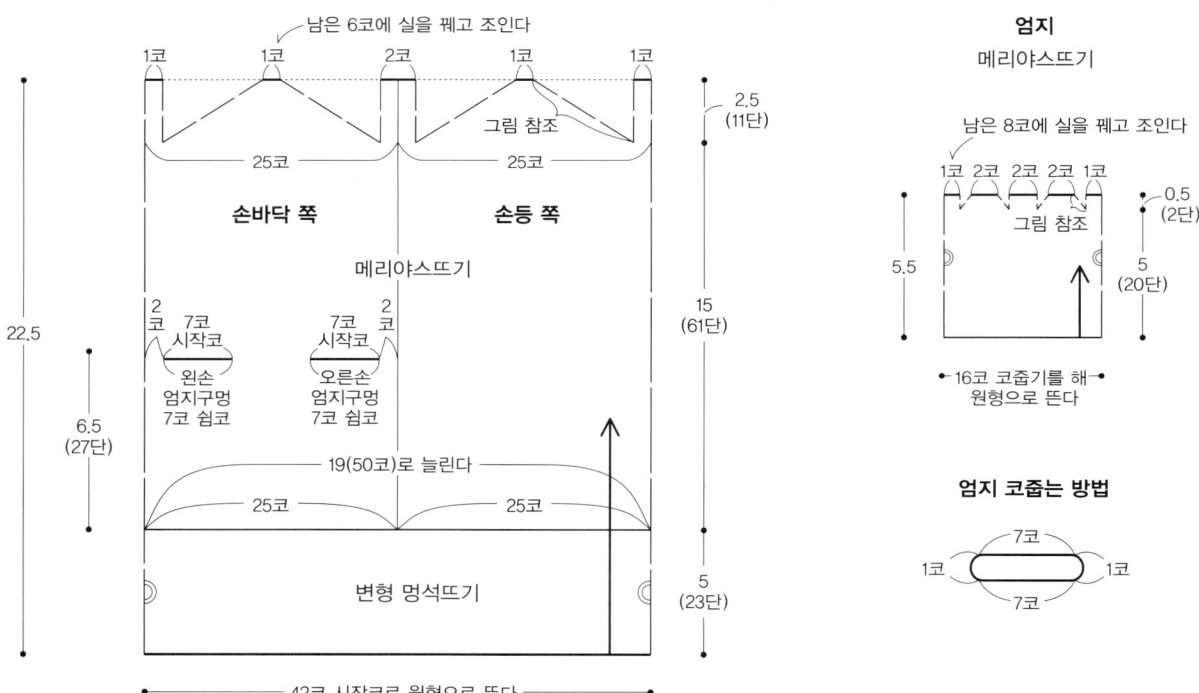

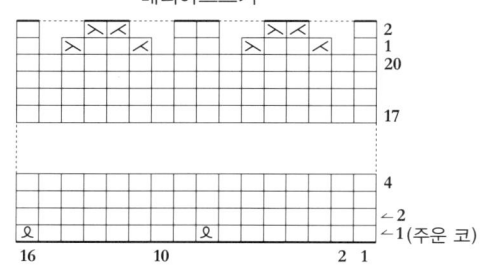

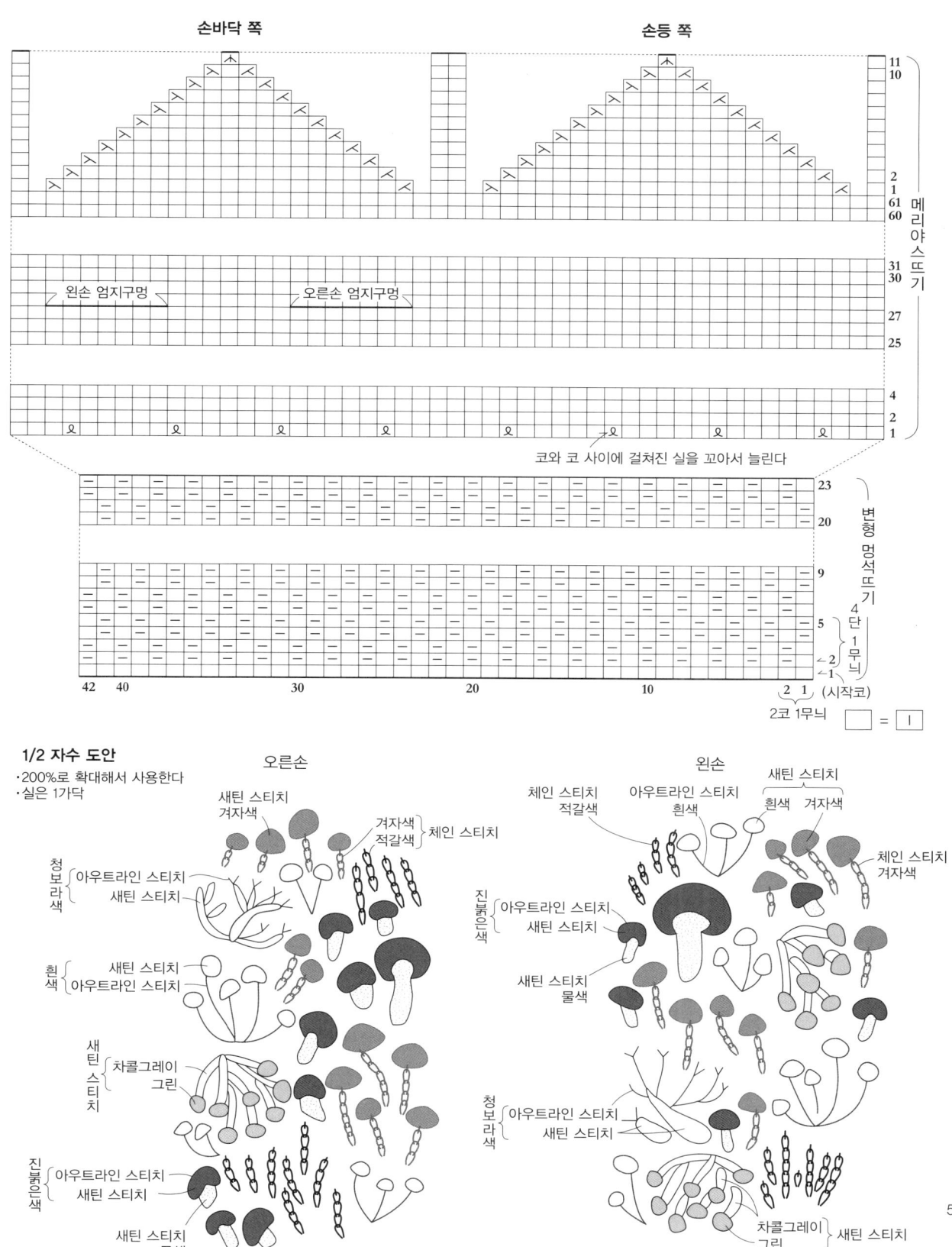

page 15 물결 스웨터

실: 병태사 감색 315g, 오프화이트 40g(퍼피 셰틀랜드 20, 50)
도구: 대바늘 7호, 9호 2개, 대바늘 7호 4개
게이지: 메리야스뜨기 20코 25단이 사방 10cm, 무늬뜨기 20코 34단이 사방 10cm
사이즈: 가슴둘레 110cm, 옷 길이 55.5cm, 화장 28.5cm
뜨는 방법: 실은 1가닥으로, 지정된 배색으로 뜬다.

몸판은 손에 실을 거는 방법으로 102코 시작코를 만들어, 7호 바늘로 2코 고무뜨기를 한다. 9호 바늘로 바꿔서 104코로 코를 늘리고, 메리야스뜨기, 무늬뜨기(p.34 '물결 스티치' 참조), 2코 고무뜨기로 어깨까지 뜬 다음, 코를 쉬게 한다. 같은 것을 2장 뜨고, 어깨를 빼뜨기 잇기 한다. 목둘레는 원형으로 앞 단과 같은 기호로 덮어씌워 코막음한다. 소맷부리는 7호 바늘로 가터뜨기를 한다. 옆선과 소맷부리 아래를 떠서 꿰매기한다.

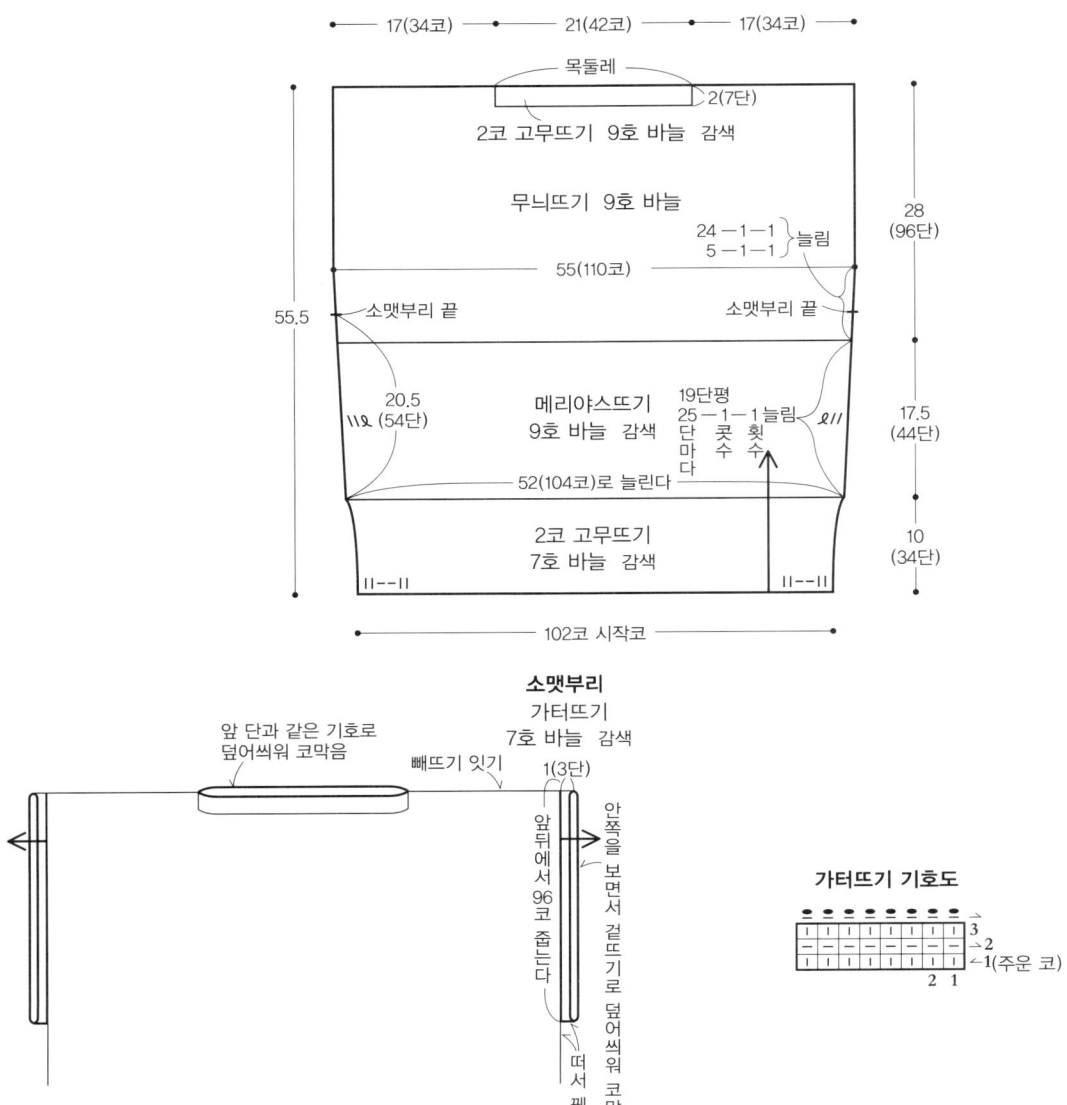

몸판 뜨는 방법

page 22 4색 보더 모자

실: 병태사 감색 50g, 그린, 겨자색,
베이지 각 10g(퍼피 셰틀랜드 20, 14, 2, 7)

도구: 대바늘 7호, 12호 4개

게이지: 무늬뜨기 19.5코 35단이 사방 10cm
메리야스뜨기 19.5코가 10cm, 19단이 9cm

사이즈: 머리 둘레 51cm, 깊이 27cm

뜨는 방법: 실은 1가닥으로, 지정된 배색으로 뜬다.

손가락에 실을 거는 방법으로 100코 시작코로 원형을 만들어, 7호 바늘로 변형 고무뜨기를 한다. 12호 바늘로 바꿔서 코의 증감 없이 무늬뜨기를 하고, 연결해서 모자 꼭지를 메리야스뜨기로 코를 줄이면서 뜬다. 남은 5코에 실을 1번 꿰고 조인다.

무늬뜨기 기호도

변형 고무뜨기 기호도

모자 꼭지의 코 줄이는 방법

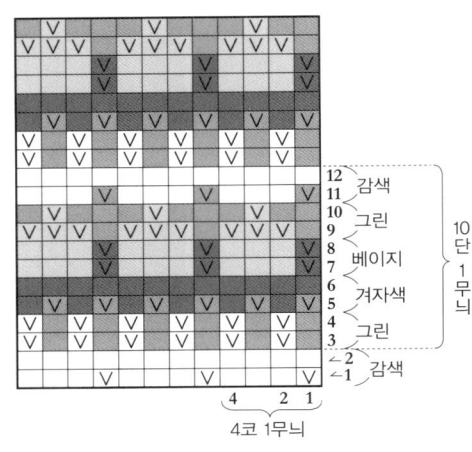

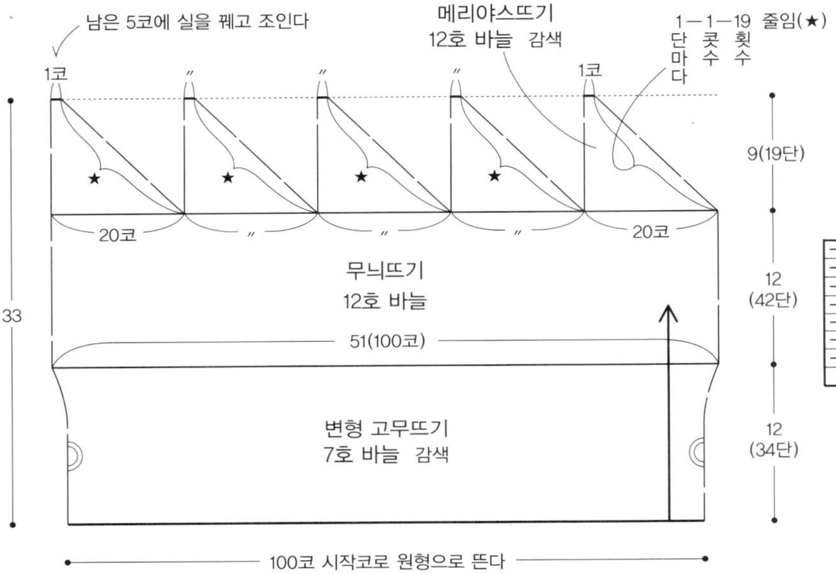

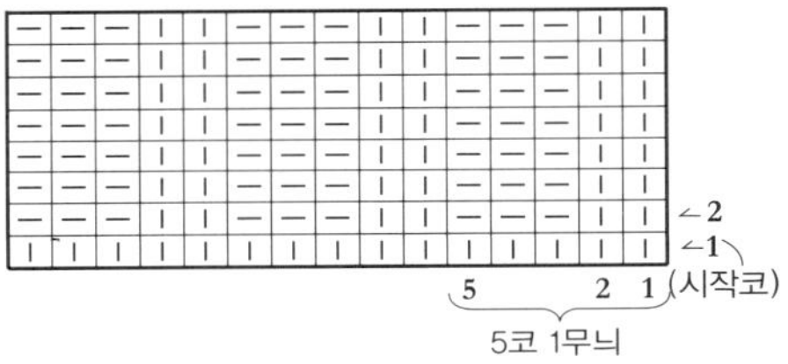

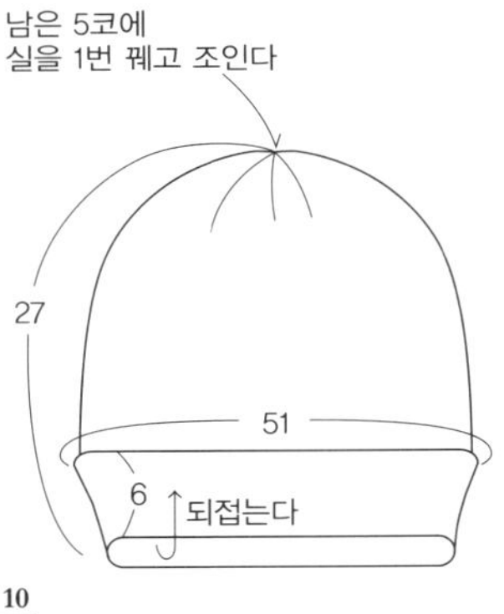

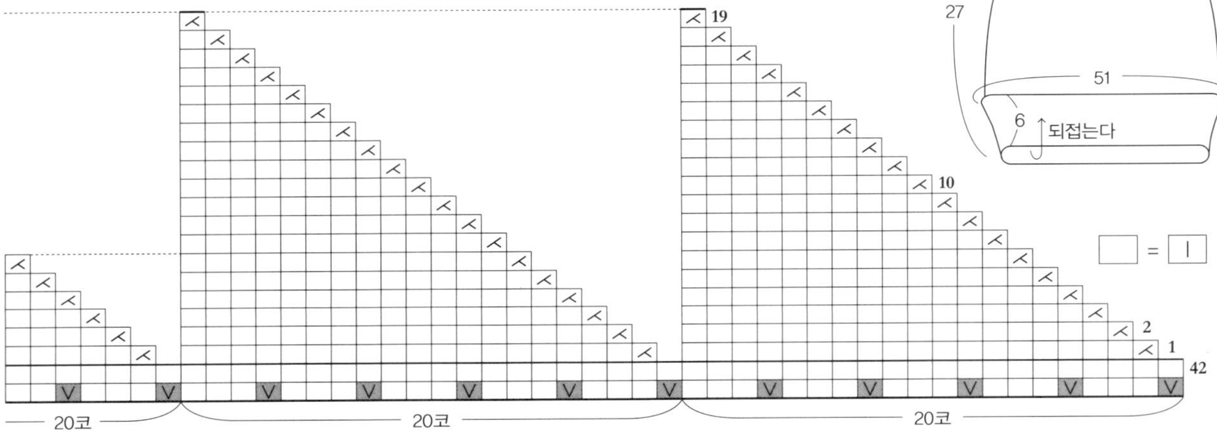

page 12 아란 롱 카디건

실: 극태사 벽돌색 760g(퍼피 브리티시 에로이카 116)

도구: 대바늘 8호, 10호 2개, 줄바늘(80cm) 8호

기타: 지름 1.6cm 단추 5개

게이지: 무늬뜨기 A 21.5코 25단이 사방 10cm
안메리야스뜨기 19코 25단이 사방 10cm

사이즈: 가슴둘레 103cm, 옷 길이 65cm, 화장 64.5cm

뜨는 방법: 실은 1가닥으로 뜬다. 뒤판은 손가락에 실을 거는 방법으로 97코 시작코를 만들어, 8호 바늘로 변형 1코 돌려 고무뜨기를 하고, 10호 바늘로 바꿔서 108코로 코를 늘려 무늬뜨기 A를 한다. 포켓 안은 같은 방법으로 19코 시작코를 만들어 안메리야스뜨기를 하고, 코를 쉬게 한다. 앞판은 뒤판과 같은 방법으로 뜨고 포켓 입구에서 코를 쉬게 한 다음, 포켓 안을 겹치고 코를 주워 뜬다. 소매는 같은 방법으로 시작코를 만들어, 변형 1코 돌려 고무뜨기를 하고, 안메리야스뜨기와 무늬뜨기 B로 뜬다. 소매 뒤 중앙을 빼뜨기 잇기를 해, 그림처럼 몸판에 붙이고 옆선과 소매 아래를 메리야스 잇기와 떠서 꿰매기를 한다. 앞단과 칼라는 8호 줄바늘로 코줍기를 해, 오른쪽 앞에는 단춧구멍을 내면서 변형 1코 돌려 고무뜨기로 왕복해서 뜬다. 포켓 안을 감침질해 붙인다. 단추를 단다.

※왼쪽 앞은 대칭으로 뜬다

※왼쪽 소매는 대칭으로 뜬다

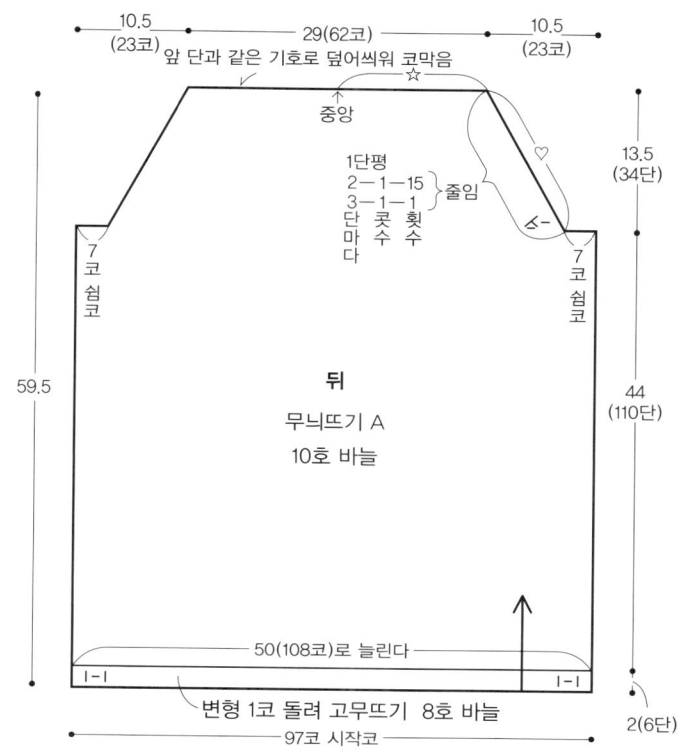

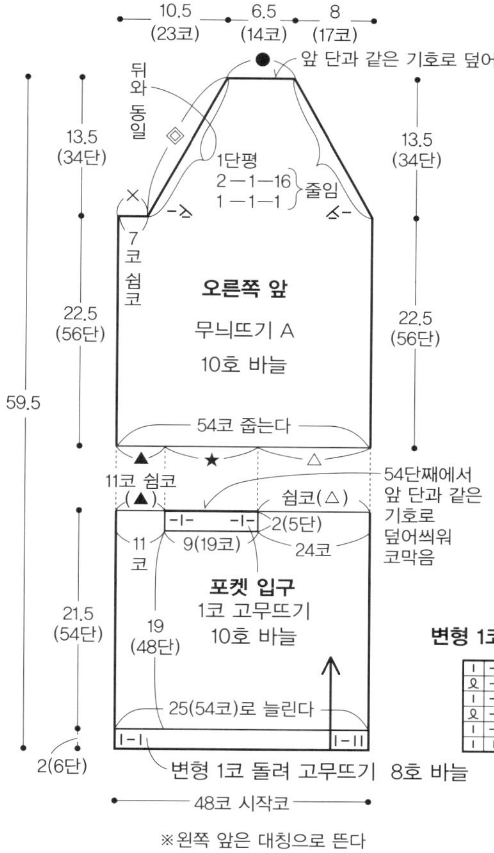

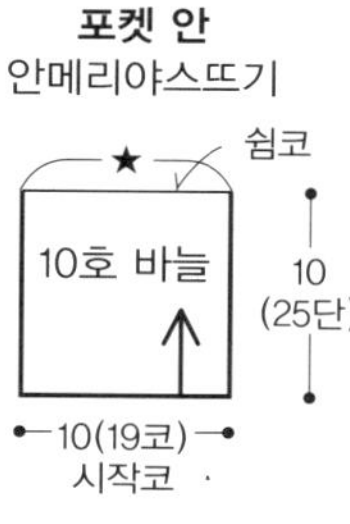

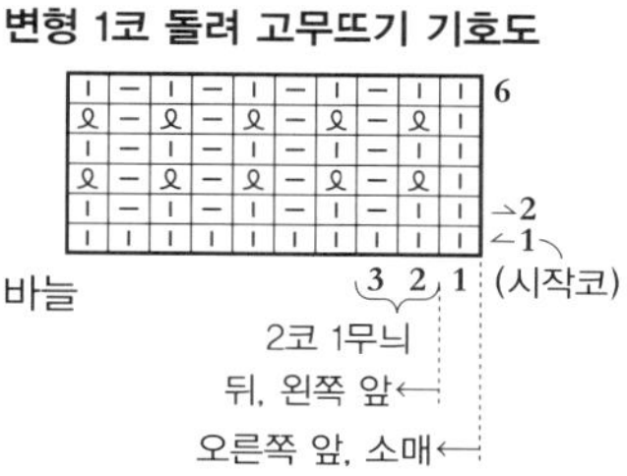

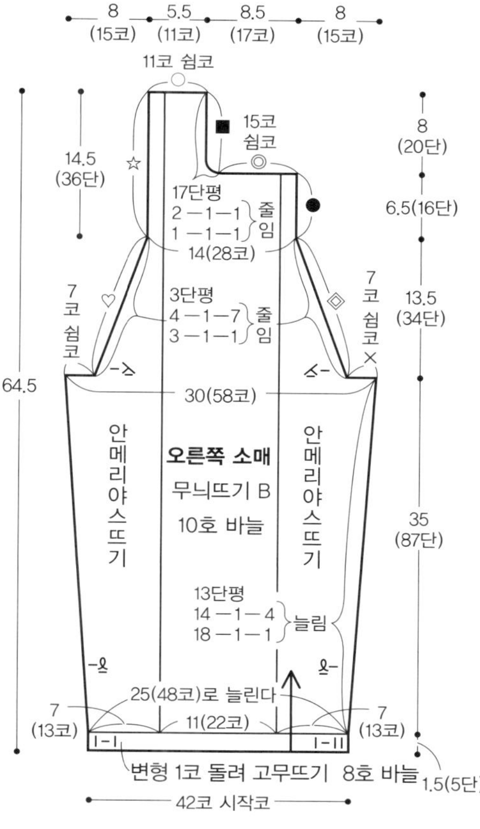

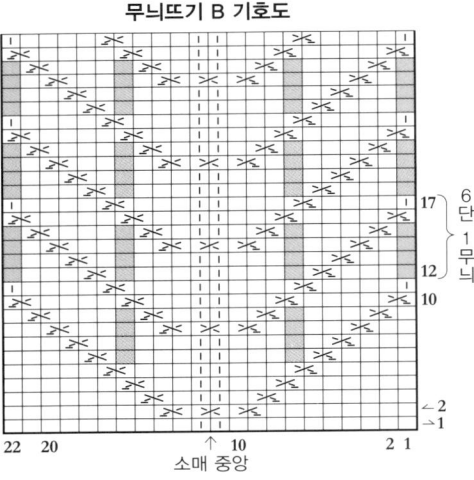

무늬뜨기 B 기호도

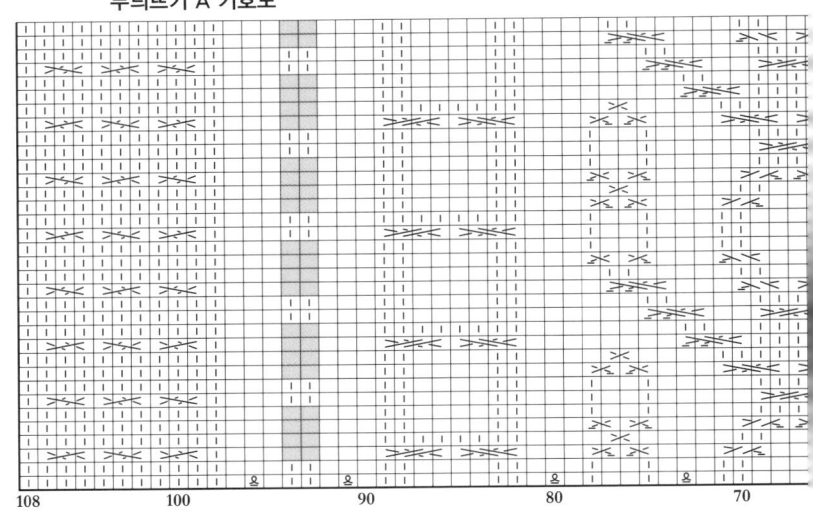

무늬뜨기 A 기호도

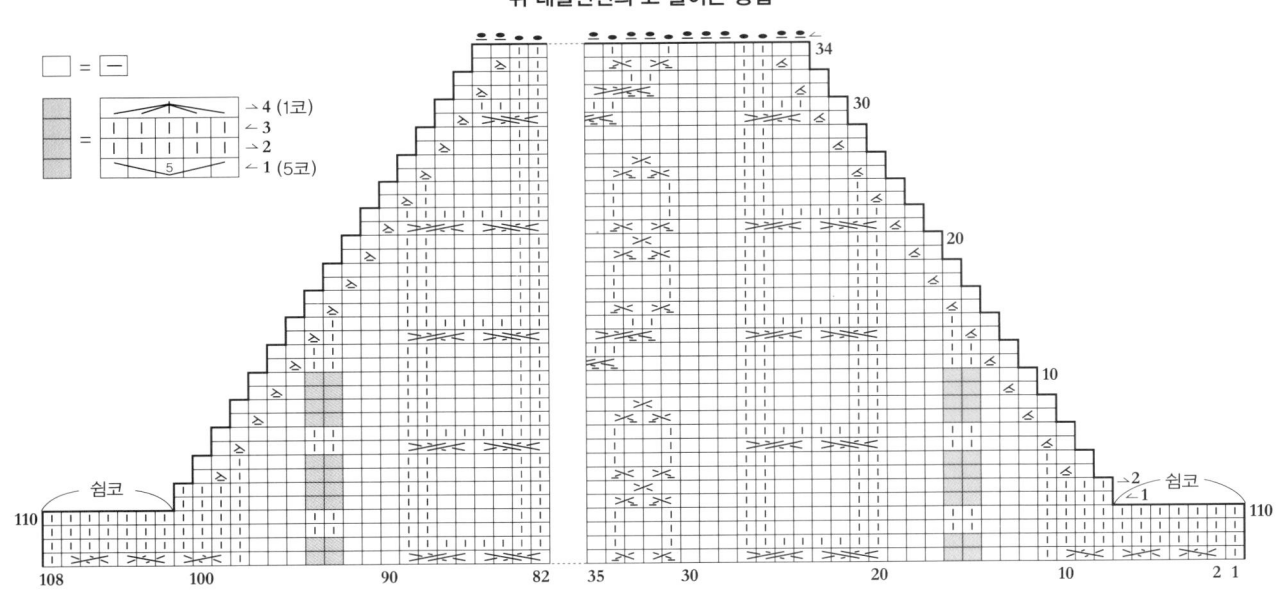

뒤 래글런선의 코 줄이는 방법

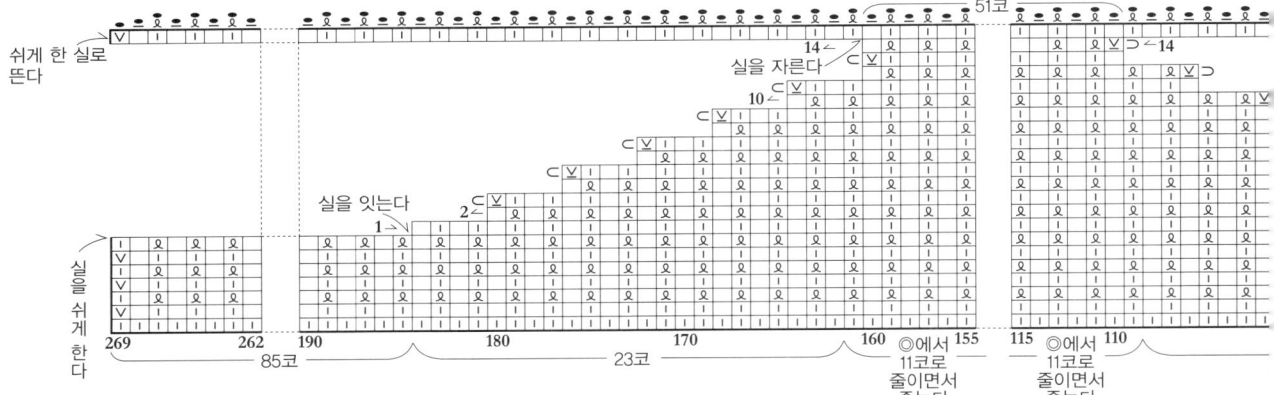

앞단과 칼라 뜨는 방법과 단춧구멍

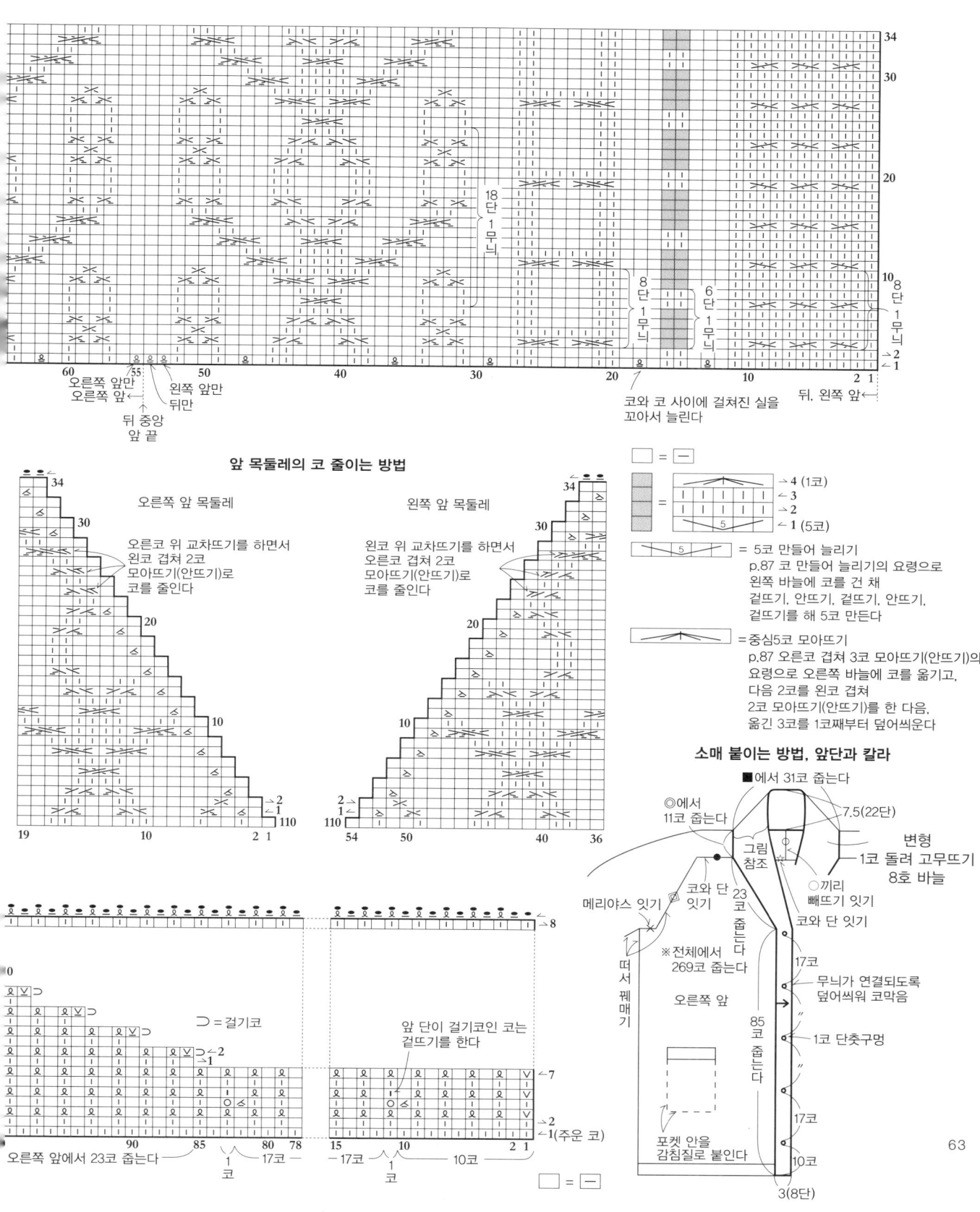

page 24 붉은색 머플러

실: 병태사 붉은색 235g(퍼피 셰틀랜드 29)

도구: 대바늘 11호 2개

게이지: 1코 고무뜨기 25코 23단이 사방 10cm, 무늬뜨기 19코 21.5단이 사방 10cm

사이즈: 폭 29cm, 길이 193cm

뜨는 방법: 실은 1가닥으로 뜬다.

손가락에 실을 거는 방법으로 55코 시작코를 만들어, 1코 고무뜨기로 30단을 뜬다. 연결해서, 무늬뜨기(p.36 '연근 스티치' 참조)를 360단 뜬다. 1코 고무뜨기를 30단 뜨고, 뜨개 마지막은 1코 고무뜨기의 코 마무리를 한다. 다리미판에 뜨개를 안쪽이 위로 오게 펼치고 핀을 꽂은 다음, 스팀 다림질로 모양을 정돈하고 열이 식을 때까지 놔둔다.

1코 고무뜨기, 무늬뜨기 기호도

→p.36 '연근 스티치'에 뜨개 과정 사진과 해설 있음

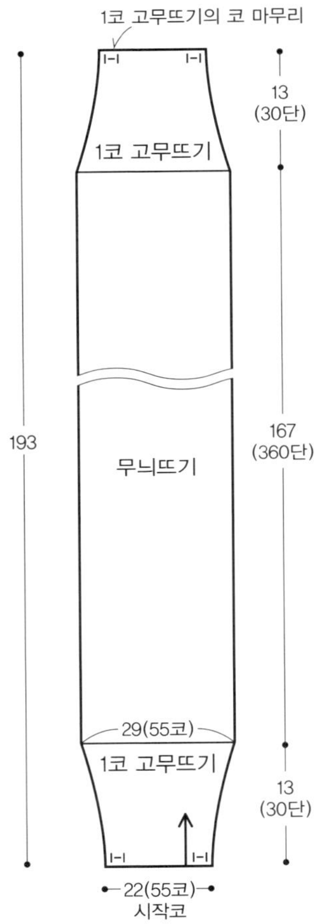

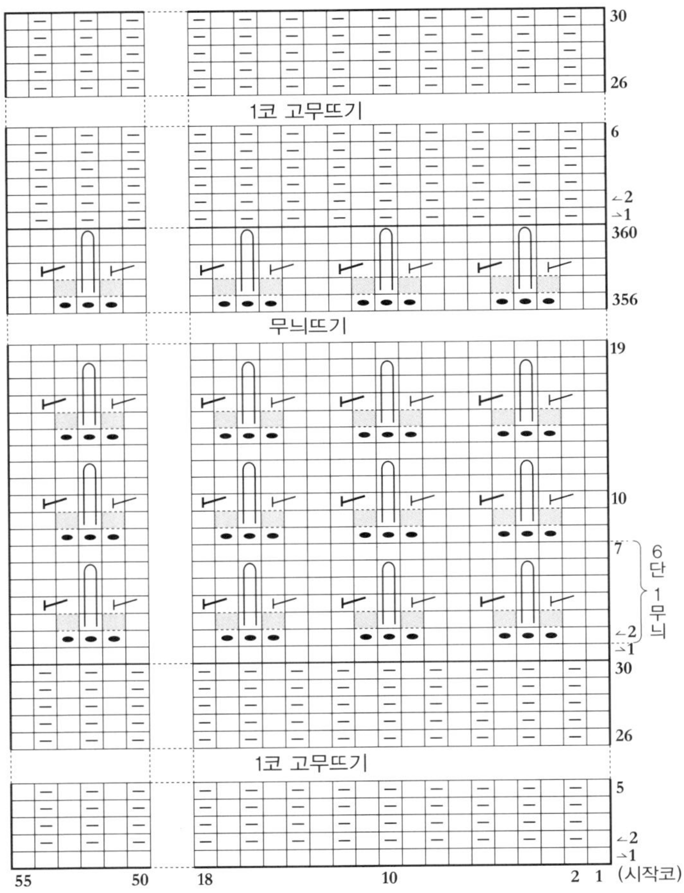

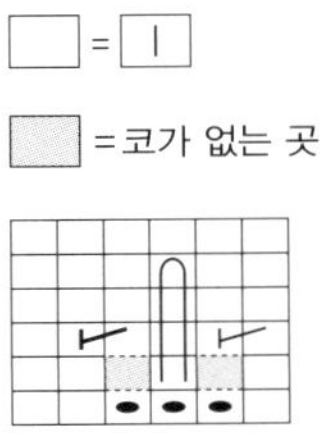

[1코 고무뜨기의 코 마무리]

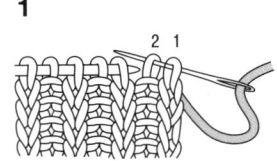

1

1의 코는 맞은편에서 앞쪽으로, 2의 코는 앞쪽에서 맞은편으로 바늘을 넣어 실을 빼낸다.

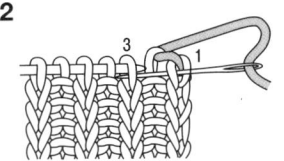

2

2의 코는 놔두고, 1과 3의 코(겉뜨기끼리)에 그림처럼 바늘을 넣는다.

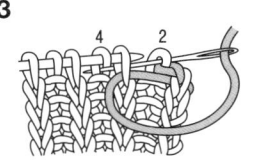

3

3의 코는 놔두고 2와 4의 코(안뜨기끼리)에 바늘을 넣는다.

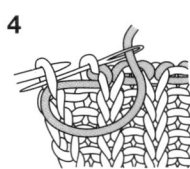

4

2, 3을 반복한 뒤, 안뜨기와 마지막 코에 그림처럼 바늘을 넣는다.

page 16 은방울꽃 숄

실: 합태사 라이트그레이 270g(외스테르예틀란드 비셰 3)
도구: 줄바늘(80cm) 8호 ※줄바늘로 왕복뜨기를 한다
게이지: 무늬뜨기 A, B, B' 19코 26단이 사방 10cm   무늬뜨기 D 19코 27단이 사방 10cm
사이즈: 폭 170cm, 길이 약 85cm
뜨는 방법: 실은 1가닥으로 뜬다.

손가락에 실을 거는 방법으로 459코 시작코를 만들어, 무늬뜨기 A, B, B', C, D를 그림처럼 중앙과 좌우 4곳에서 줄바늘로 코를 줄이면서 왕복으로 161단을 뜬다. 뜨개 마지막의 7코를 3코와 4코로 맞대어 빼뜨기 잇기 한다. 카펫이나 매트리스 위에 목욕용 큰 타월을 깔고 숄을 안쪽이 위로 오게 펼친 다음, 완성 치수에 맞춰 핀을 꽂고 스팀 다림질로 모양을 정돈하고, 열이 식을 때까지 놔둔다.

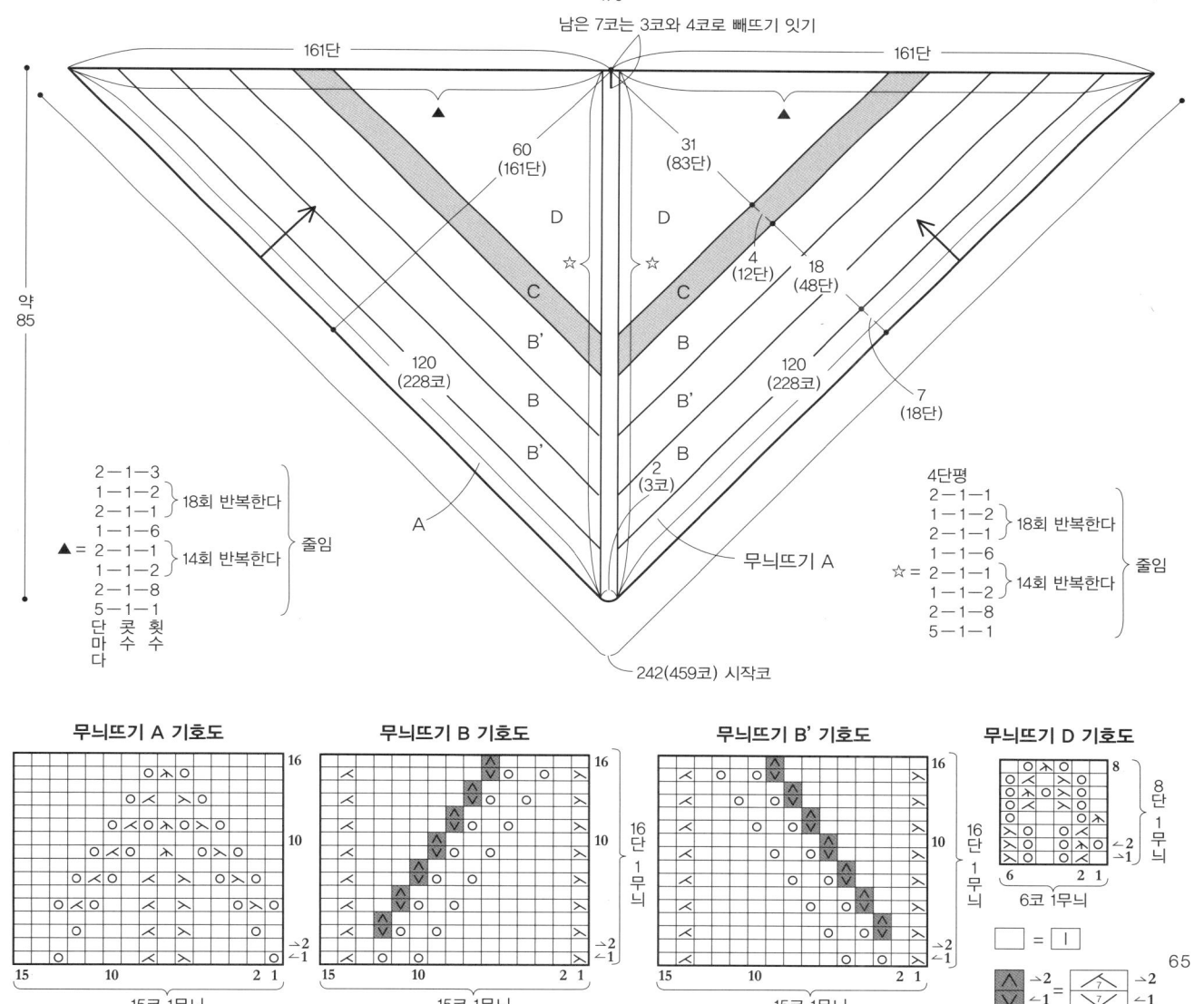

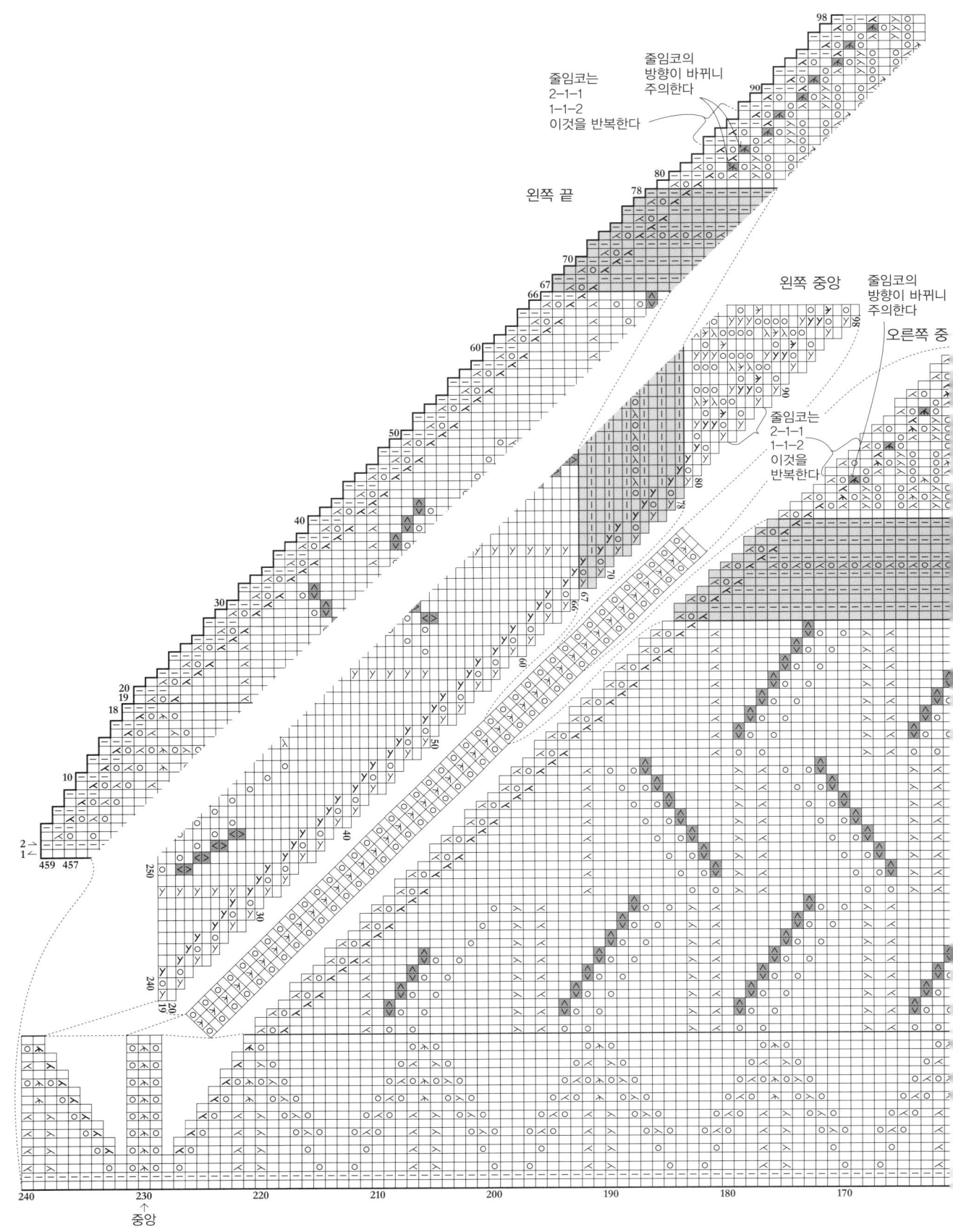

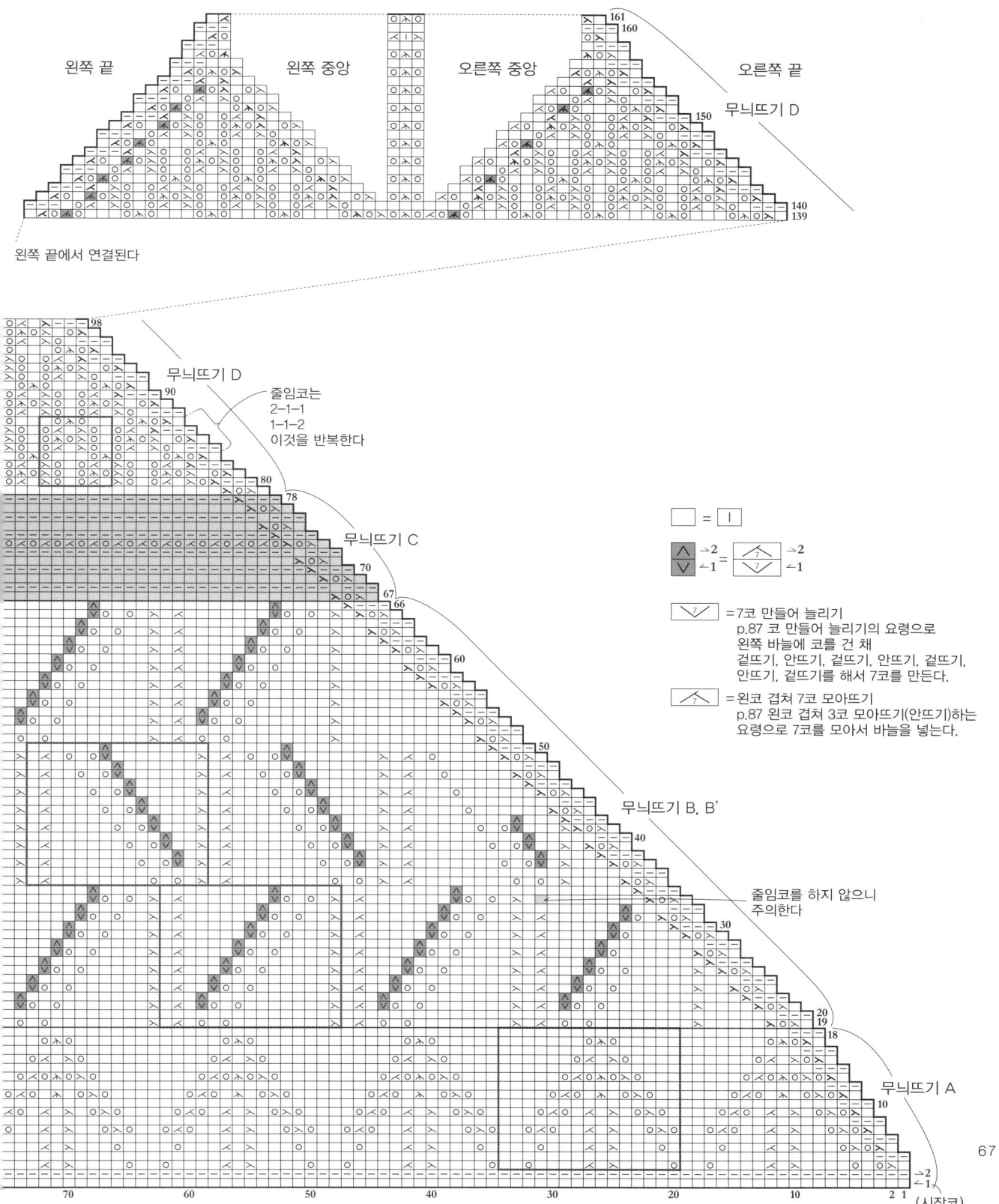

page 25 파란색 머플러

실: 병태사 로열블루 280g(퍼피 셰틀랜드 53)
도구: 대바늘 10호 2개
게이지: 무늬뜨기 15.5코가 10cm, 2무늬(16단)가 7.5cm
사이즈: 폭 43cm, 길이 166cm
뜨는 방법: 실은 1가닥으로 뜬다.
손가락에 실을 거는 방법으로 66코 시작코를 만들어, 무늬뜨기(p.36 '바다거품 스티치' 참조)를 354단 뜬다. 뜨개 마지막은 안쪽을 보면서 겉뜨기로 덮어씌워 코막음한다. 다리미판에 뜨개를 안쪽이 위로 오게 펼치고 핀을 꽂은 다음, 스팀 다림질로 모양을 정돈하고 열이 식을 때까지 놔둔다.

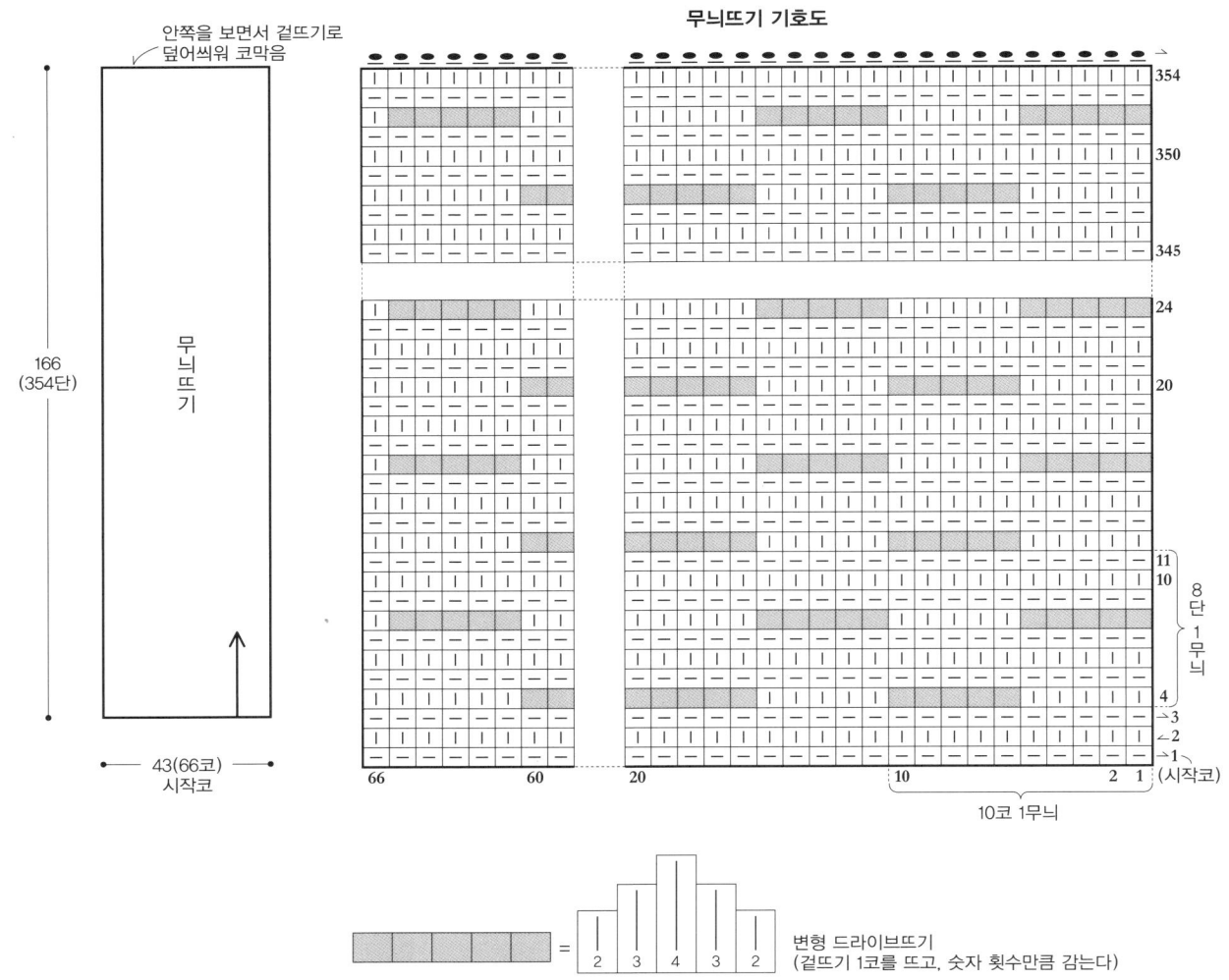

page 18 새와 석류 카디건

실: 중세사 진감색 225g, 오프화이트 80g
　　(제이미슨즈 셰틀랜드 스핀드리프트 730/dark navy, 104/natural white)
도구: 줄바늘(80cm) 2호, 4호, 대바늘 2호, 4호 4개　**기타**: 지름 1.6cm 단추 6개
게이지: 메리야스뜨기의 무늬 넣기 29코 32단이 사방 10cm
　　　　 메리야스뜨기 27코 36단이 사방 10cm
사이즈: 가슴둘레 97cm, 옷 길이 56cm, 소매길이 57cm
뜨는 방법: 실은 1가닥으로, 지정된 배색으로 뜬다. 앞뒤 몸판은 손가락에 실을 거는 방법으로 248코 시작코를 만들어, 2호 줄바늘로 2코 고무뜨기를 왕복해서 뜬다. 4호 줄바늘로 바꿔서 오른쪽 앞 중심의 스틱을 감아코로 6코 시작코를 만들고(p.90 참조), 메리야스뜨기의 무늬 넣기를 274코 뜬 뒤, 왼쪽 앞 중심의 스틱도 6코 시작코를 만들어 원형으로 96단 뜬다. 양 옆선에서 코를 쉬고, 옆선 스틱의 시작코를 만든 뒤, 코를 줄이면서 진동 둘레를 원형으로 뜨는데, 25단째 시작에서 오른쪽 앞 중심의 스틱을 덮어씌워 코막음하고, 마지막의 왼쪽 앞 중심 스틱도 덮어씌워 코막음한다. 오른쪽 앞 목둘레 스틱의 시작코를 만들어 왼쪽 앞까지 뜨고, 왼쪽 앞 목둘레의 스틱도 시작코를 만들어 원형으로 뜬 뒤, 코를 줄이면서 앞 목둘레를 뜬다. 뒤 목둘레는 그림처럼 쉼코와 스틱의 시작코를 만들어 코를 줄이면서 원형으로 뜬다. 어깨를 빼뜨기 잇기 한다. 앞 중심과 앞 뒤 목둘레의 스틱을 자른 뒤, 목둘레를 2코 고무뜨기 한다. 앞단은 손가락에 실을 거는 방법으로 13코 시작코를 만들어 2호 바늘로 1코 고무뜨기를 하는데, 오른쪽 앞에는 단춧구멍을 만든다. 몸판에 앞단을 떠서 꿰매기로 붙인다. 소매는 옆선 스틱을 자른 다음, 진동 둘레에서 84코를 주워 메리야스뜨기로 되돌아뜨기하면서 왕복으로 66단을 뜬 뒤, 쉼코 14코를 주워 코를 줄이면서 원형으로 뜨고, 연결해서 2코 고무뜨기를 한다. 스틱의 마무리를 한다. 단추를 단다.

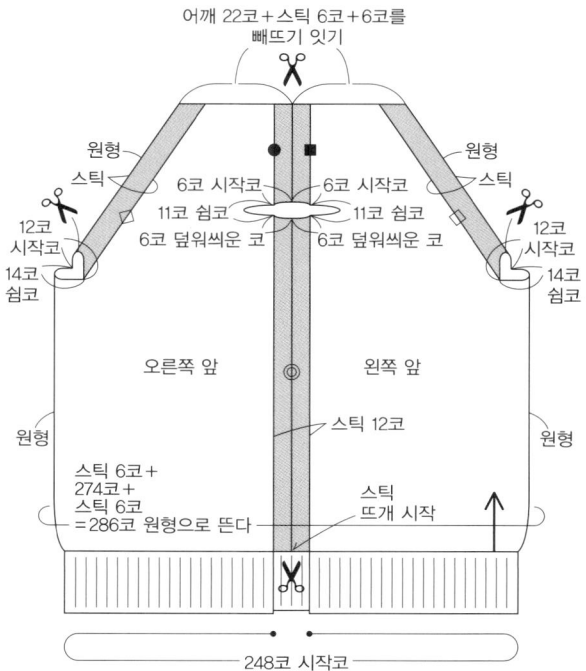

※'페어 아일 니트의 포인트 레슨'
(스틱을 자른다, 목둘레 코를 줍는다,
스틱의 마무리를 한다)은 p.37 참조

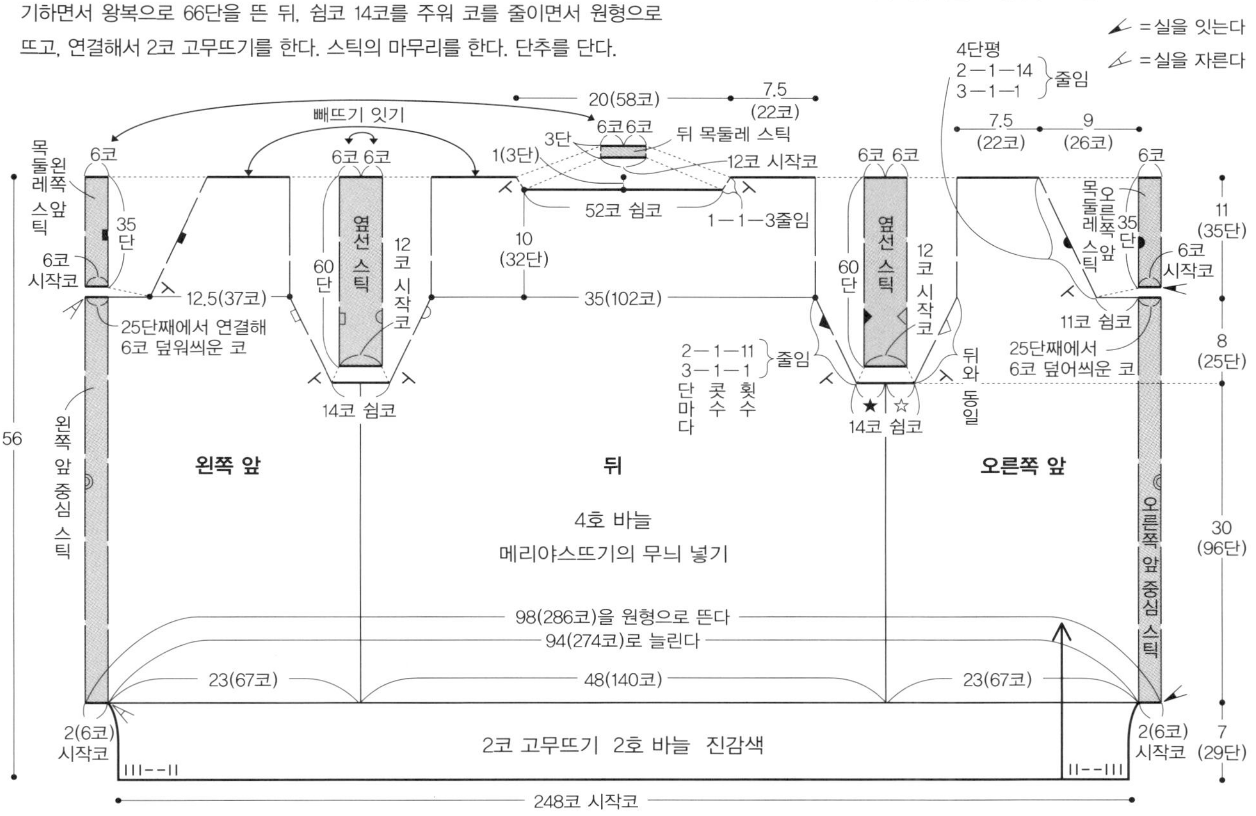

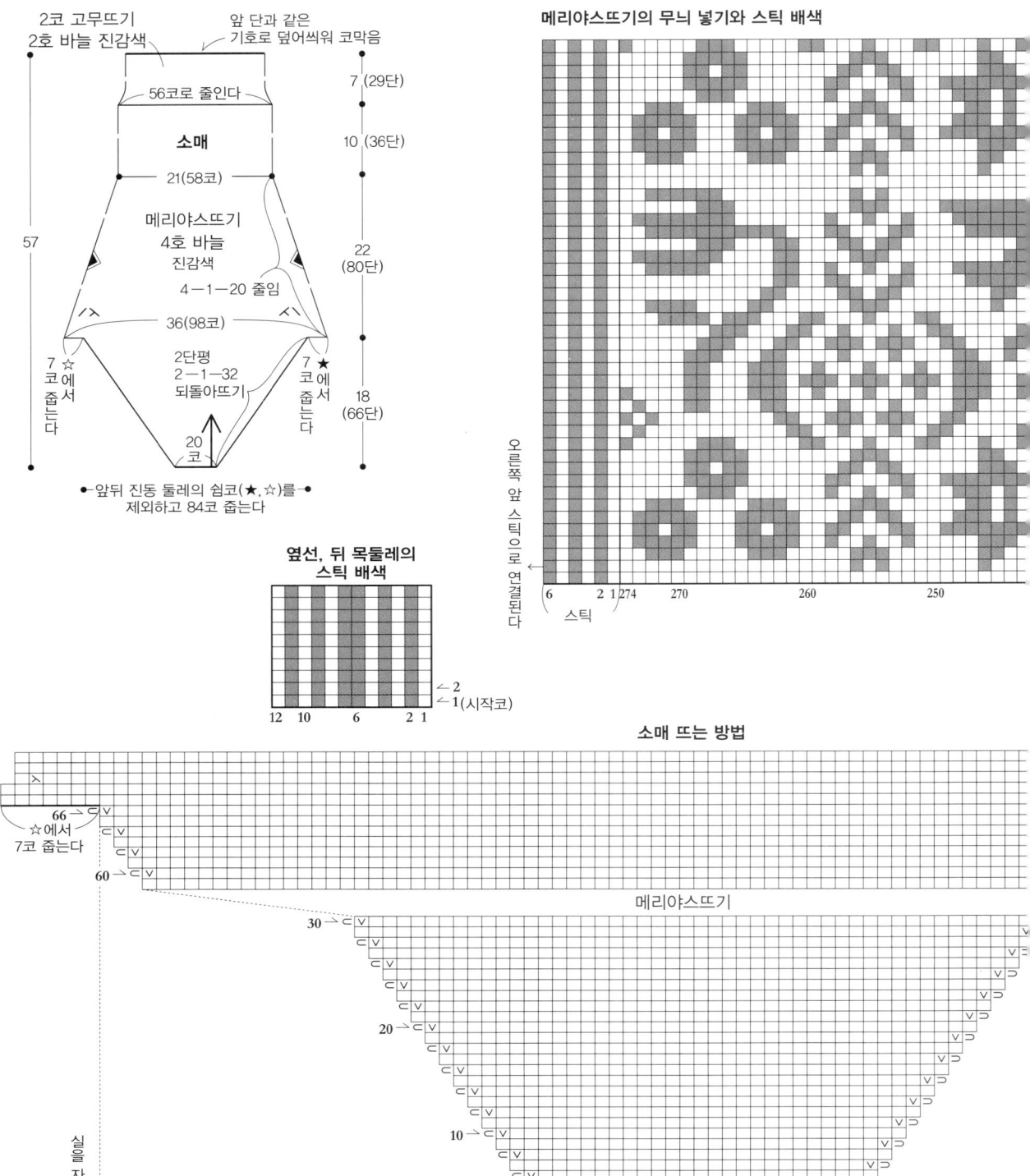

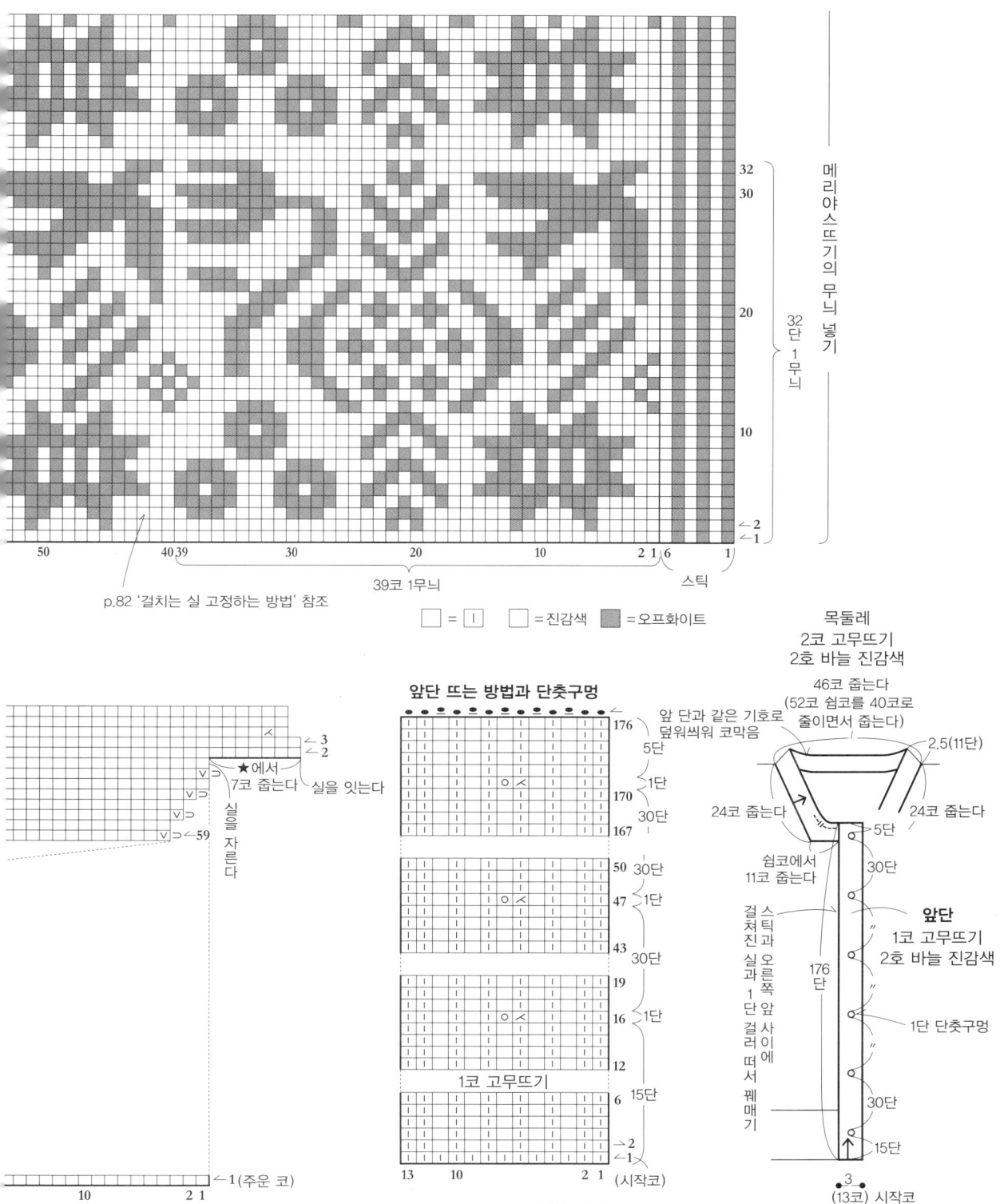

page 20 루프 카디건

실: 태사 라이트그레이 460g(하마나카 에토프 2)
도구: 대바늘 10호 2개 **기타**: 지름 1.3cm 단추 6개, 바느질실
게이지: 무늬뜨기 17.5코 25단이 사방 10cm
사이즈: 가슴둘레 99.5cm, 옷 길이 56cm, 화장 64cm
뜨는 방법: 실은 1가닥으로 뜬다.

앞뒤 몸판, 소매는 각각 손가락에 실을 거는 방법으로 시작코를 만들어 가터뜨기로 15단을 뜬다. 연결해서 무늬뜨기(p.35 '링뜨기' 참조)를 하는데, 링이 끝에까지 들어가도록 코를 증감하는 부분은 될 수 있는 한 2코째부터 링을 넣어서 뜬다(p.73 그림 참조). 어깨를 빼뜨기 잇기 하고, 목둘레는 가터뜨기를 한다. 앞단은 코줍기를 해 가터뜨기를 하는데, 오른쪽 앞에는 단춧구멍을 만든다. 소매를 코와 단 잇기로 붙이고, 옆선과 소매 아래를 떠서 꿰매기 한다. 어깨를 이은 코에 링을 수놓아 메운다. 버튼홀 스티치를 한 다음, 단추를 단다.

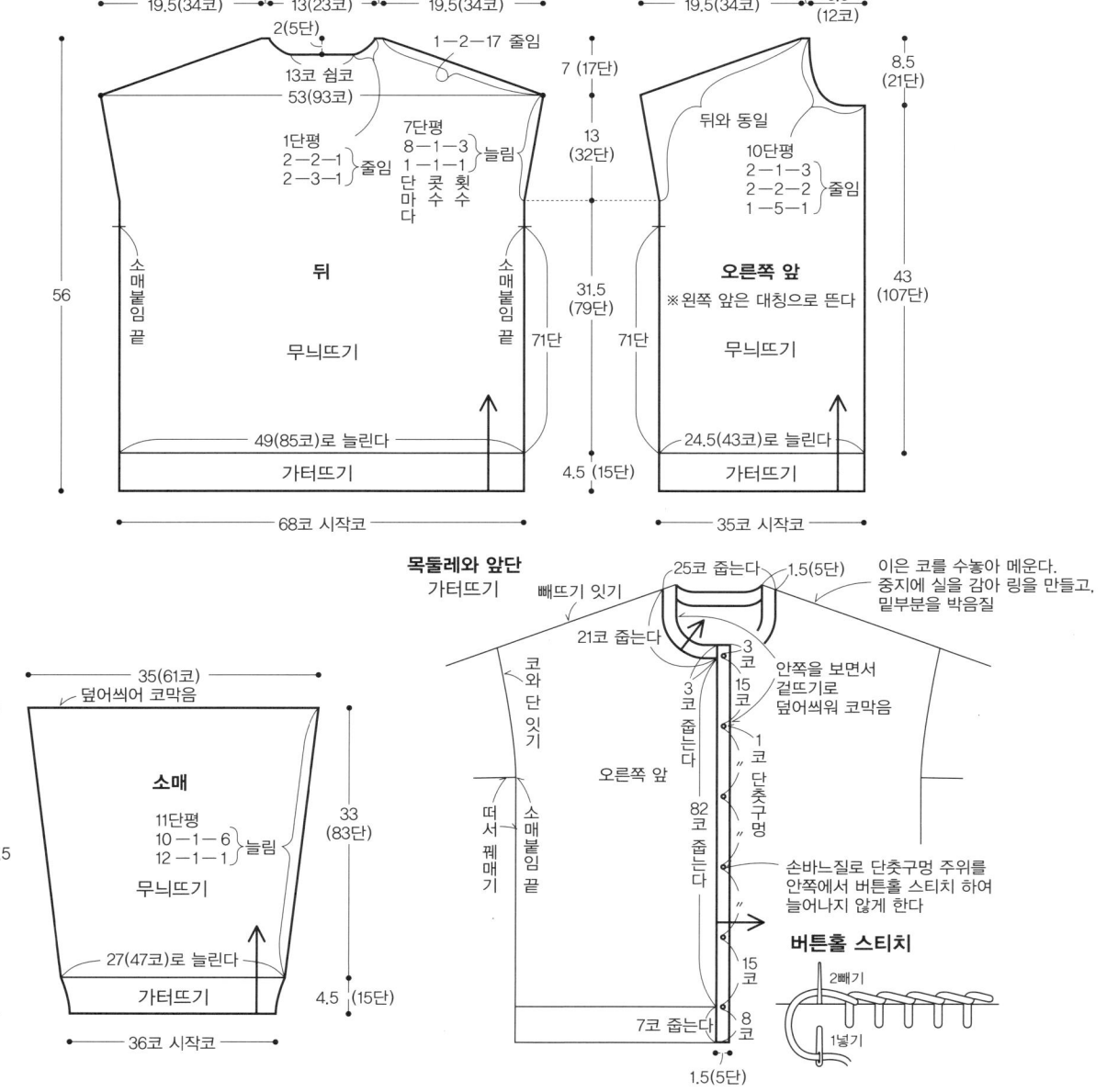

오른쪽 앞 목둘레 코 줄이는 방법

무늬뜨기 기호도

가터뜨기 기호도

[V] = 링뜨기

→p.35 '링뜨기'에 뜨개 과정 사진과 해설 있음

뒤판 코 늘리고, 줄이는 방법

앞단 뜨는 방법과 단춧구멍

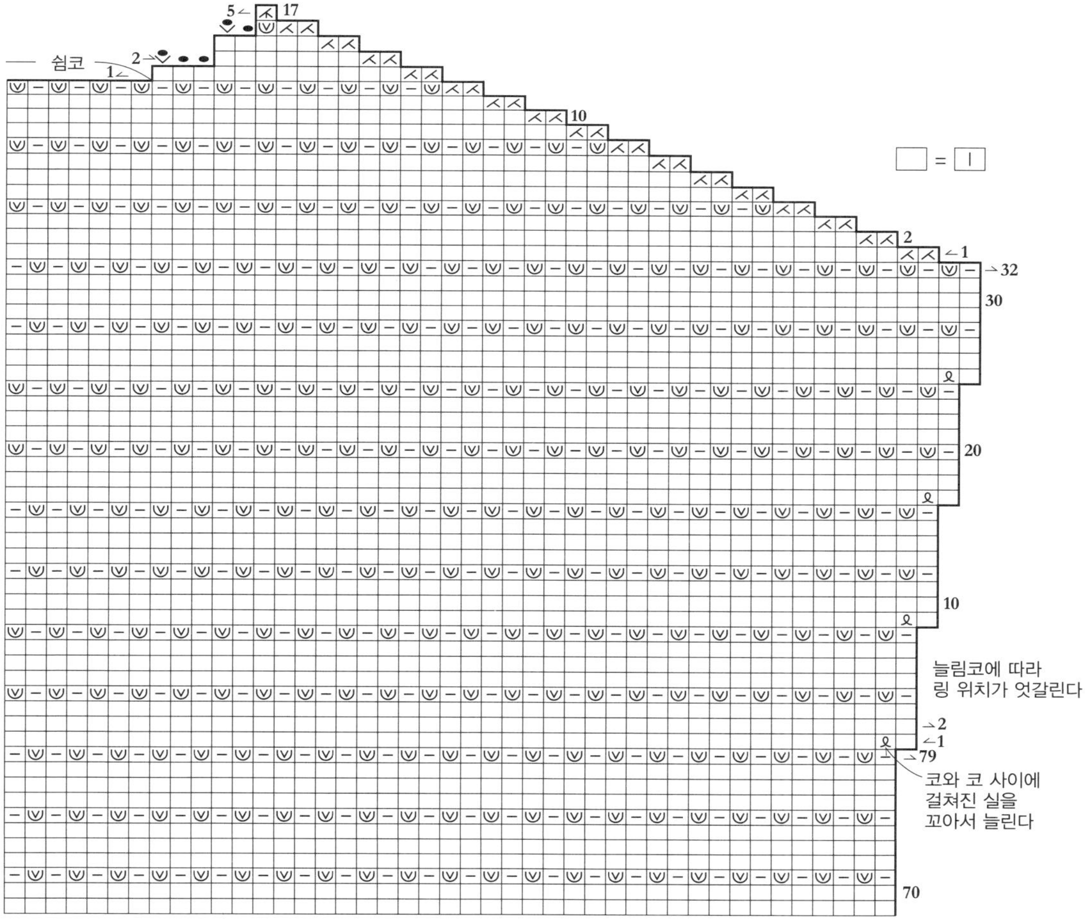

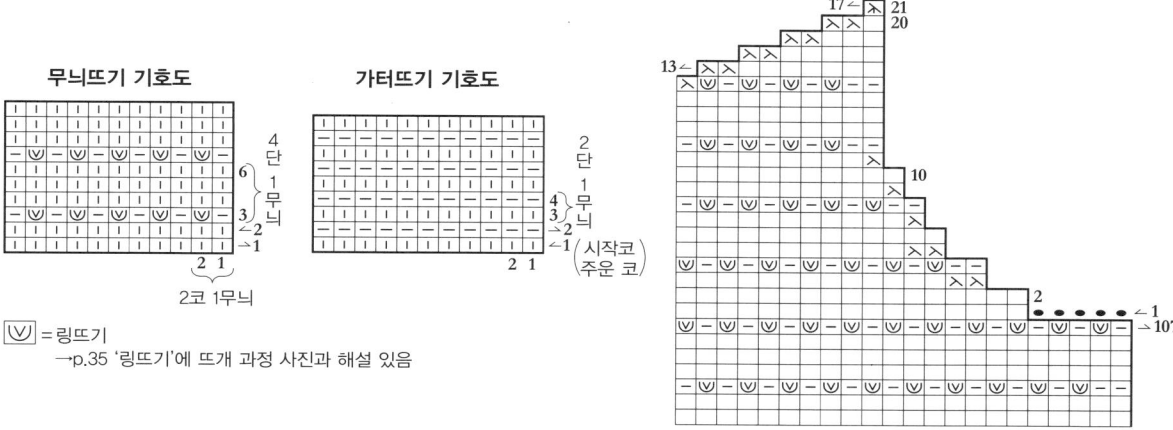

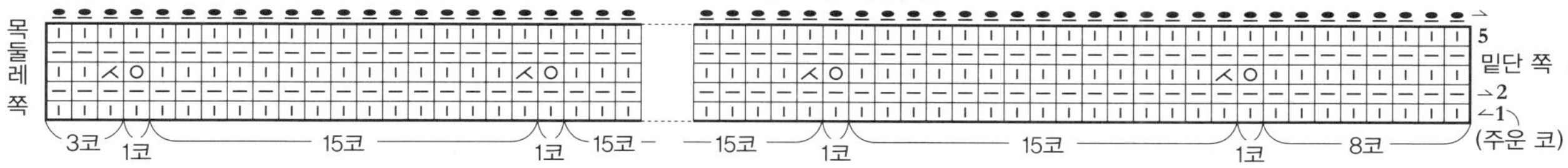

page 30 구름과 산 모자

실: 병태사 하늘색 50g, 오프화이트 45g(퍼피 셰틀랜드 9, 50)
도구: 대바늘 6호, 8호 4개
게이지: 무늬뜨기 24코 36단이 사방 10cm
사이즈: 머리 둘레 53cm, 깊이 25cm
뜨는 방법: 실은 1가닥으로, 지정된 배색으로 뜬다.
손가락에 실을 거는 방법으로 88코 시작코로 원형을 만들어 6호 바늘로 변형 고무뜨기를 한다. 8호 바늘로 바꿔서 128코로 코를 늘리고, 무늬뜨기(p.37 '구름과 산 스티치' 참조)를 코의 증감 없이 64단을 뜬 다음, 연결해서 메리야스뜨기로 코를 줄이면서 뜬다. 남은 32코에 실을 1코 걸러씩 2바퀴 꿰고 조인다. 장식 술을 만들고(p.52 참조), 모자 꼭지에 단다.

▒ = 하늘색

□ = 오프화이트

= ①짝수 단은 모두 안뜨기를 한다
②홀수 단은 전전단의 코에 바늘을 넣어 겉뜨기를 한다

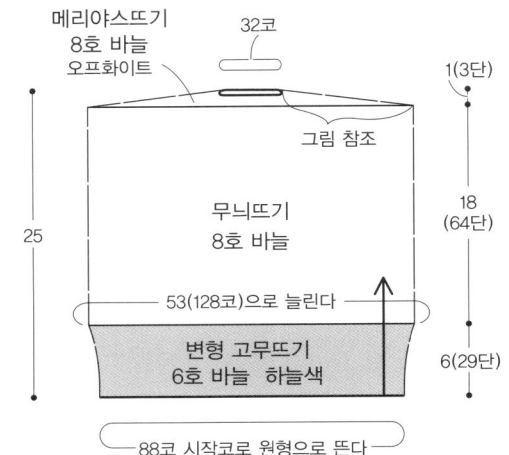

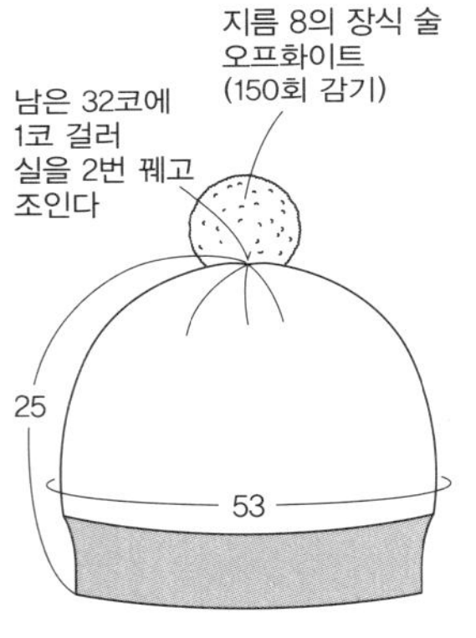

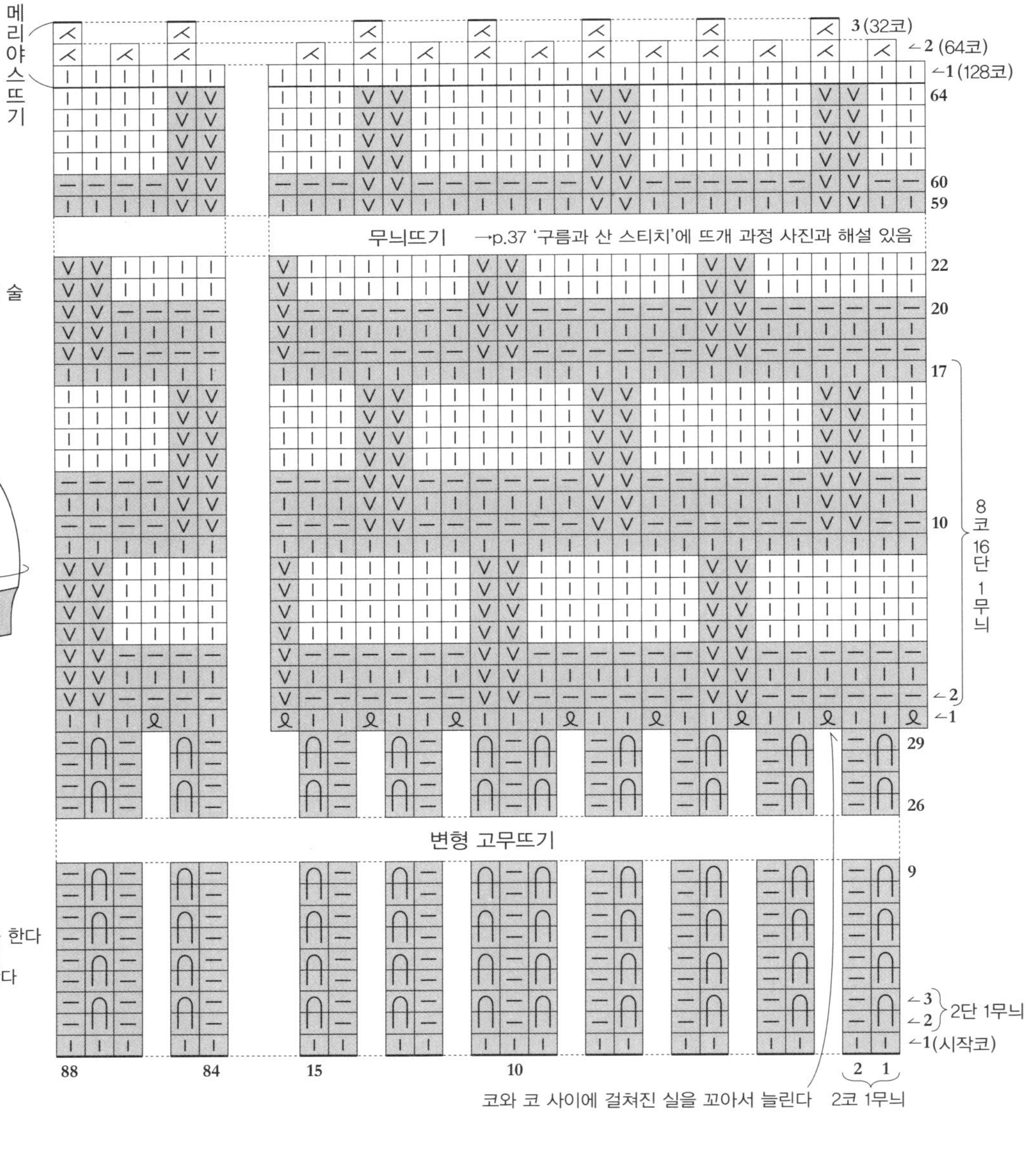

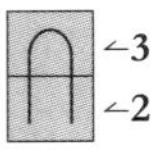

page 28 나뭇잎 카디건

실: 극태사 오프화이트 470g(퍼피 브리티시 에로이카 125)
도구: 줄바늘(80cm) 10호, 대바늘 10호 2개 ※줄바늘로 왕복뜨기를 한다.
기타: 지름 1.8cm 단추 6개
게이지: 안메리야스뜨기 18코 24단이 사방 10cm, 무늬뜨기 19코 24단이 사방 10cm
사이즈: 가슴둘레 88.5cm, 옷 길이 55.5cm, 화장 68.5cm
뜨는 방법: 실은 1가닥으로 뜬다. 앞뒤 몸판은 손가락에 실을 거는 방법으로 124코 시작코를 만들어 가터뜨기를 한다. 155코로 코를 늘리고, 안메리야스뜨기로 코의 증감 없이 뜬다. 소매는 같은 방법으로 36코 시작코를 만들어 가터뜨기를 한다. 45코로 코를 늘리고, 안메리야스뜨기와 무늬뜨기로 코를 늘리면서 뜬다. 몸판과 소매의 4코를 메리야스 잇기 하고, 소매 아래를 떠서 꿰매기 한다. 요크는 앞뒤 몸판과 소매에서 코를 주워 무늬뜨기로 코를 줄이면서 뜨고, 목둘레에서 가터뜨기를 한다. 앞단은 몸판과 요크와 목둘레에서 코를 주워 가터뜨기를 하는데, 오른쪽 앞에는 단춧구멍을 만든다. 단추를 단다.

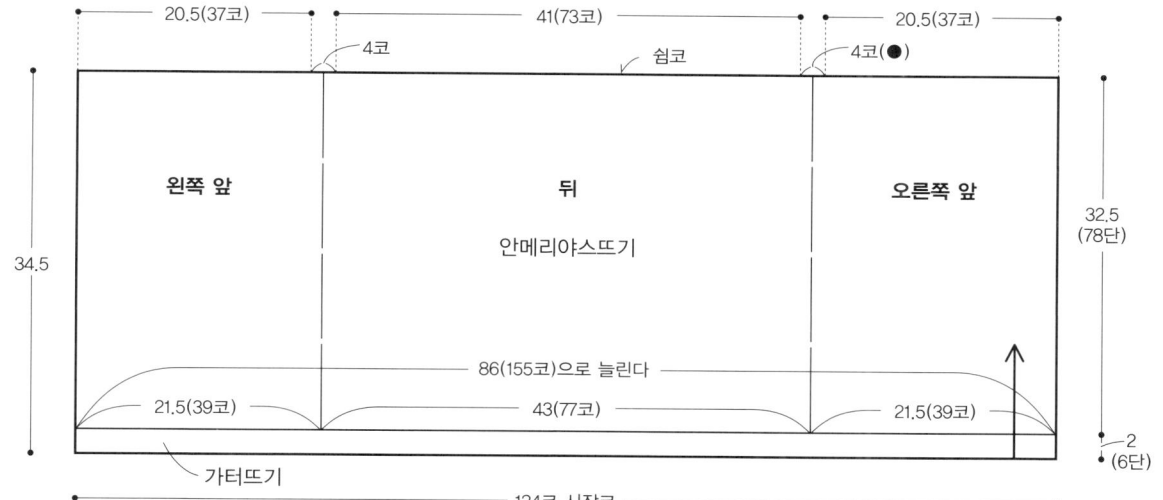

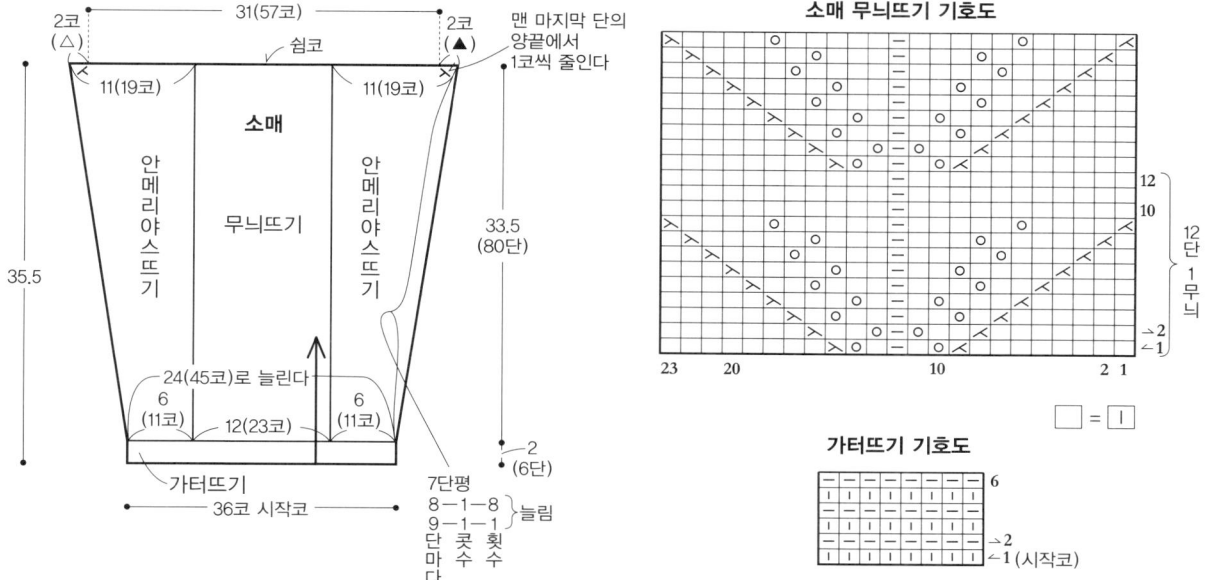

왼쪽 앞에서
37코 줍는다
오른쪽 앞에서
37코 줍는다
21
(51단)
왼쪽 소매에서
57코 줍는다
오른쪽 소매에서
57코 줍는다
54
(103코)
4—20—3
6—20—4
15—18—1
줄임
요크
무늬뜨기
137(261코)
뒤에서
73코 줍는다

요크 뜨는 방법

261
260
250
105
100
95
94
90
80
70
왼쪽 앞에서 37코
뒤에서 73코
오른쪽 소매에서 57코
소매의 무늬뜨기에서 연결한다

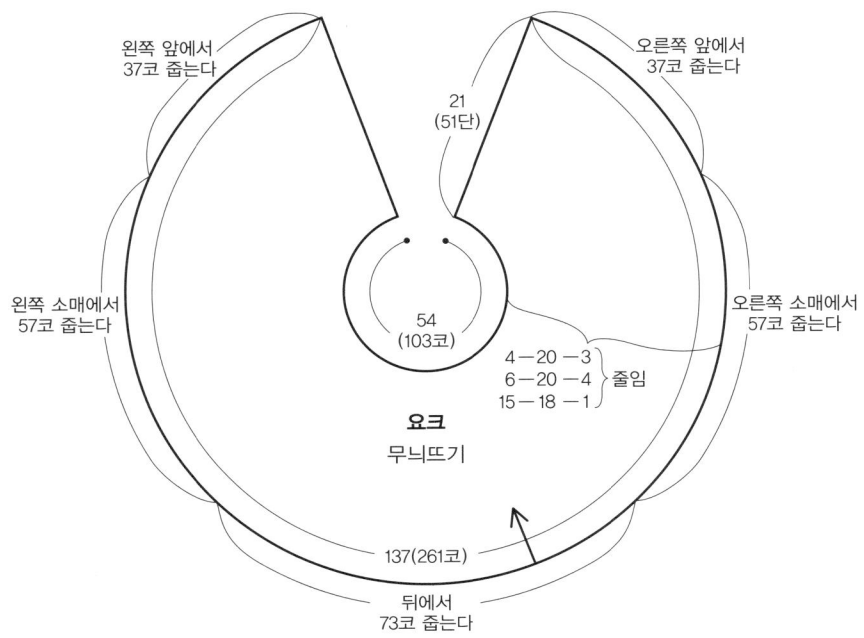

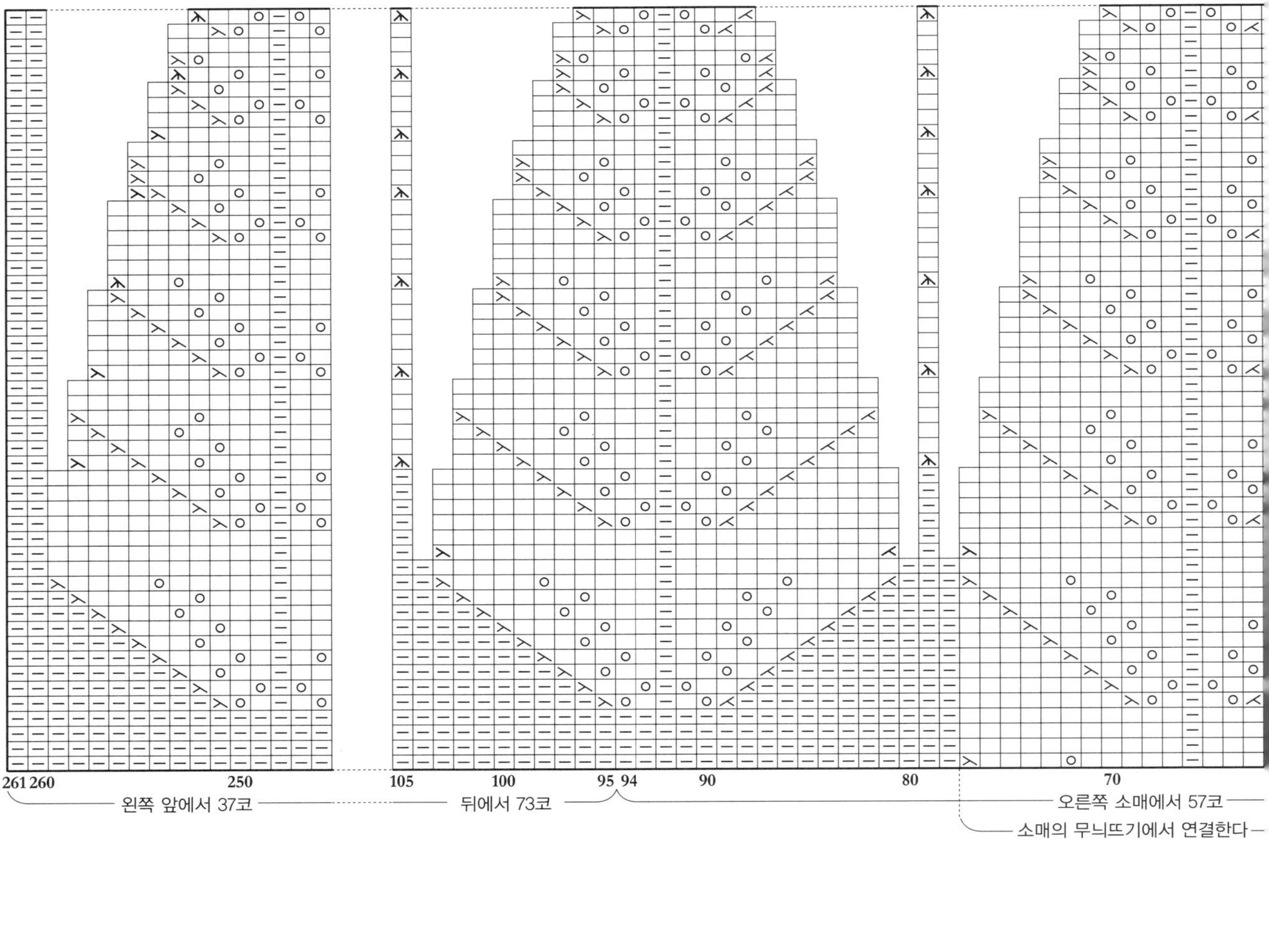

목둘레, 앞단

가터뜨기

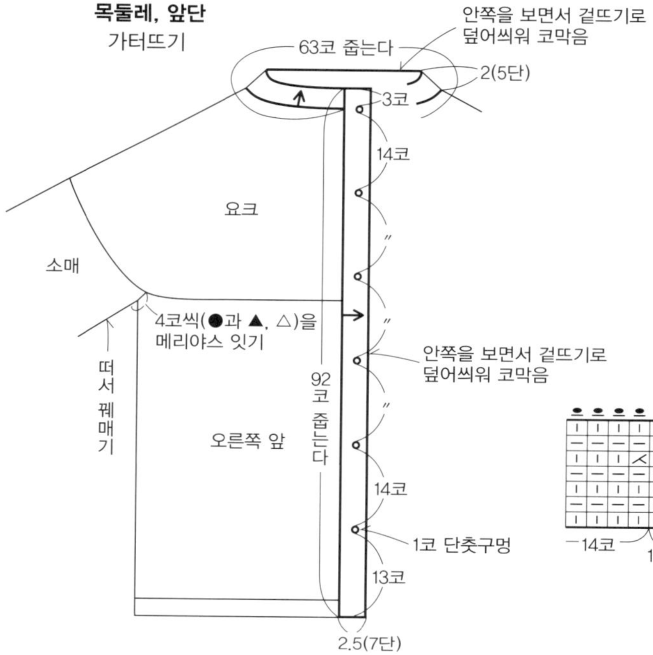
63코 줍는다
안쪽을 보면서 겉뜨기로
덮어씌워 코막음
2(5단)
3코
14코
요크
소매
4코씩(●과 ▲, △)을
메리야스 잇기
떠서 꿰매기
92코 줍는다
오른쪽 앞
안쪽을 보면서 겉뜨기로
덮어씌워 코막음
14코
1코 단춧구멍
13코
2.5(7단)

목둘레 뜨는 방법

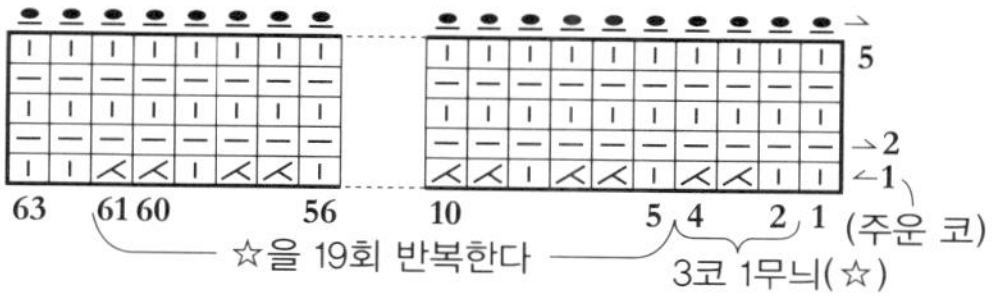
5
2
1
63
61 60
56
10
5 4
2 1
(주운 코)
☆을 19회 반복한다
3코 1무늬(☆)

앞단 뜨는 방법과 단춧구멍

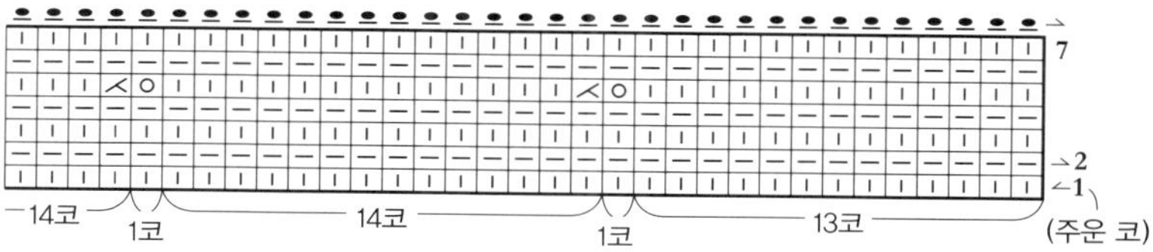
7
2
1
14코
1코
14코
1코
13코
(주운 코)

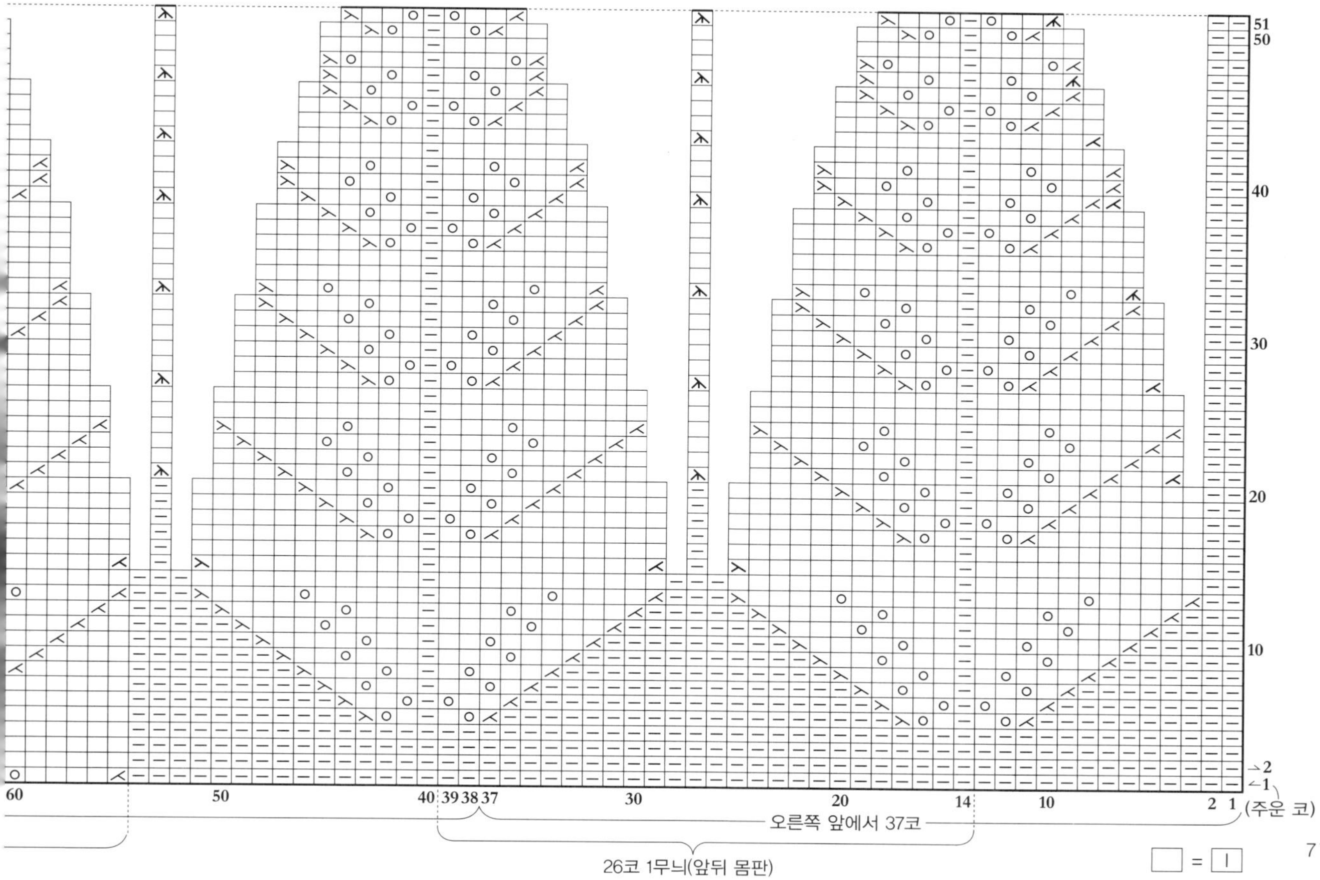
51
50
40
30
20
10
2
1
60
50
40 39 38 37
30
20
14
10
2 1
(주운 코)
오른쪽 앞에서 37코
26코 1무늬(앞뒤 몸판)
□ = |

page 26 롱 카디건

실: 중세사 베이지 580g(하마나카 소노모노 수리 알파카 82) **도구**: 대바늘 8호, 10호 2개, 줄바늘(80cm) 8호 ※줄바늘로 왕복뜨기를 한다.
게이지: 무늬뜨기 51코가 24.5cm, 23단이 10cm, 가터뜨기(소매) 20코 35단이 사방 10cm
사이즈: 옷 폭 63cm, 옷 길이 67.5cm, 화장 61.5cm
뜨는 방법: 실은 2가닥, 지정된 바늘로 뜬다. 오른쪽 앞은 손가락에 실을 거는 방법으로 52코 시작코를 만들어, 8호 바늘로 가터뜨기를 한다. 10호 바늘로 바꿔서 63코로 코를 늘리고, 무늬뜨기와 안메리야스뜨기로 코를 증감하면서 뜬 뒤, 코를 쉬게 한다. 왼쪽 앞을 같은 요령으로 뜨고, 좌우 126코를 연결해서 뒤판을 뜬다. 8호 바늘로 바꾸고 가터뜨기를 하는데, 2단째에서 102코로 코를 줄인다. 뜨개 마지막은 덮어씌워 코막음한다. 소매는 손가락에 실을 거는 방법으로 55코 시작코를 만들어, 8호 바늘로 코를 줄이면서 가터뜨기를 한다. 앞단과 목둘레는 8호 줄바늘로 몸판에서 코줍기를 해 가터뜨기로 왕복해서 뜬다. 뜨개를 조금 늘리듯이 다리미로 정돈한 다음, 소매를 몸판의 소매 붙이는 위치에 코와 단 잇기로 붙인다. 옆선과 소매 아래를 떠서 꿰매기 한다.

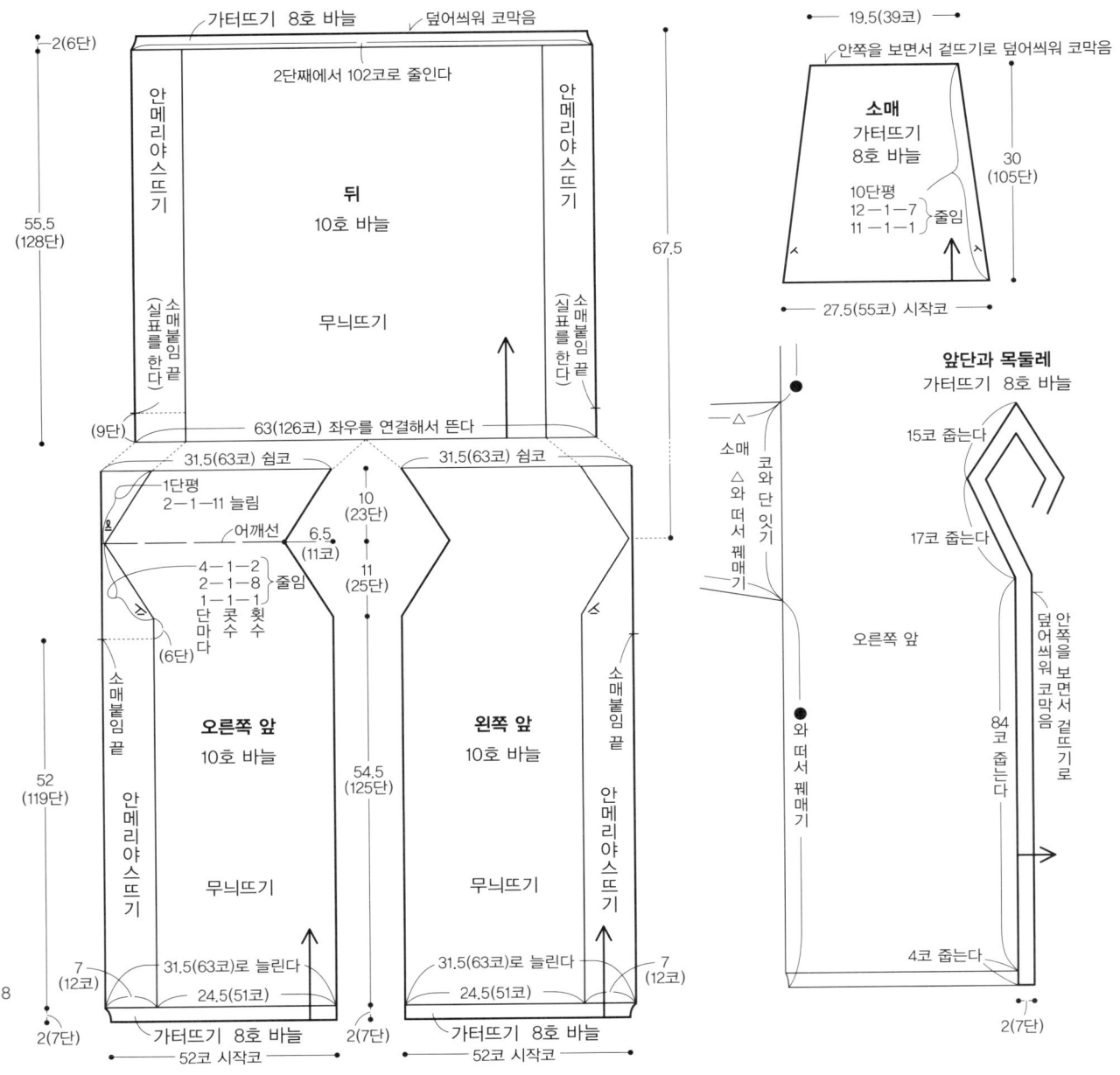

오른쪽 앞 뜨는 방법

※왼쪽 앞은 대칭으로 무늬를 배치한다

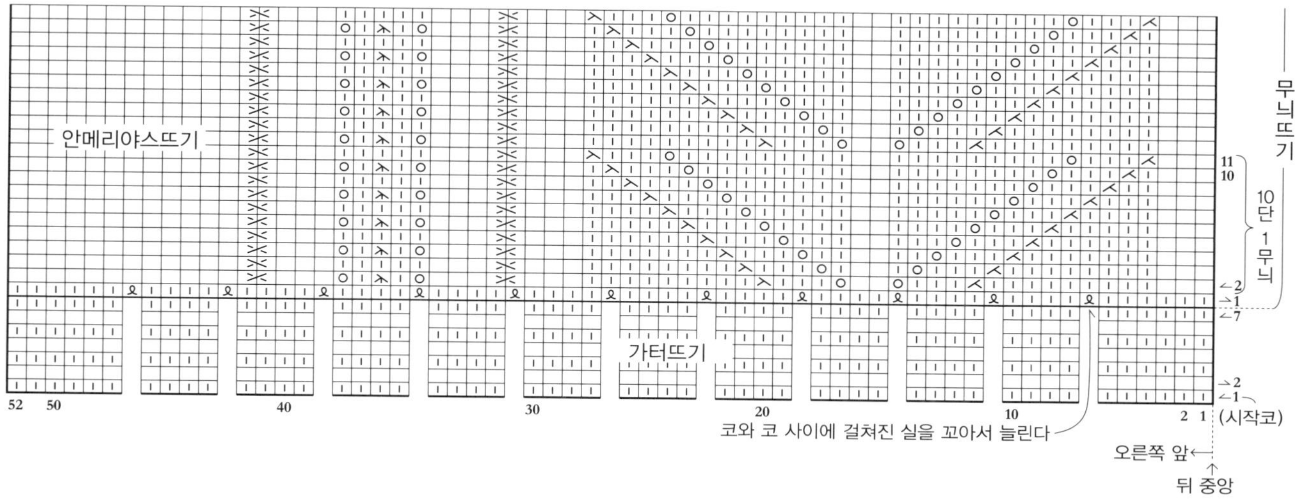

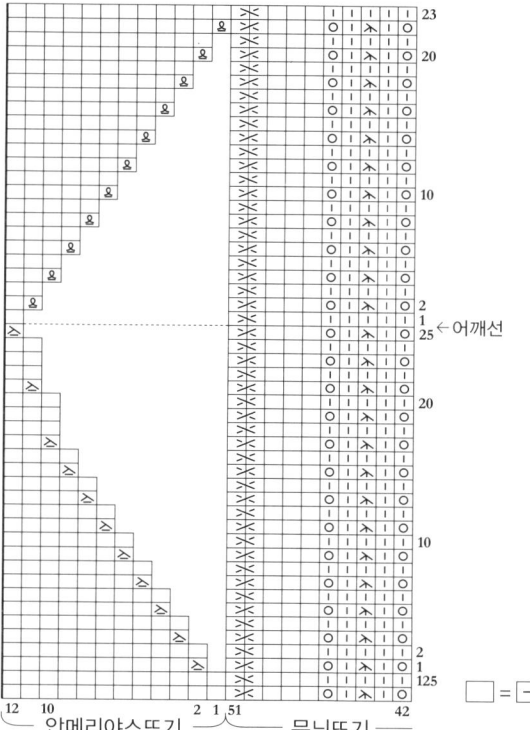

안메리야스뜨기
가터뜨기
무늬뜨기
10단 1무늬
(시작코)
코와 코 사이에 걸쳐진 실을 꼬아서 늘린다
오른쪽 앞
뒤 중앙
52 50 40 30 20 10 2 1
11 10 2 1 7 2 1

뒤 밑단 코 줄이는 방법

가터뜨기
뒤 중앙
6 2 1 128

오른쪽 진동 둘레 코 줄이고 늘리는 방법

어깨선
안메리야스뜨기
무늬뜨기
12 10 2 1 51 42
23 20 10 2 1 25 20 10 2 1 125

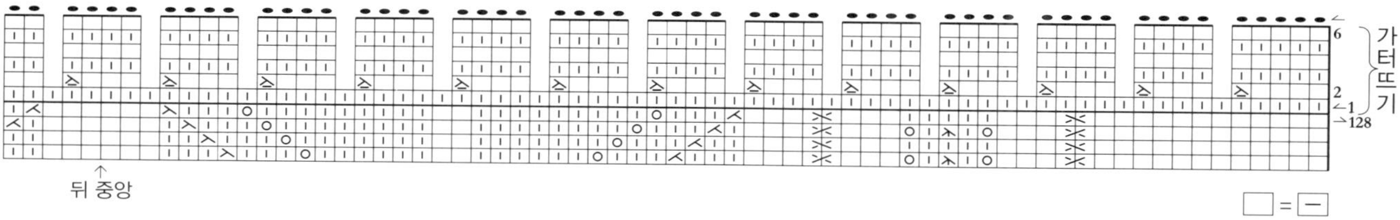

page33 흰색 머플러

실: 병태사 원사 310g(퍼피 퀸 애니 880)
도구: 대바늘 7호 2개
게이지: 무늬뜨기 A, A' 20코가 6cm, 31단이 10cm, 무늬뜨기 B 23코가 9cm, 31단이 10cm
사이즈: 폭 21cm, 길이 154cm
뜨는 방법: 실은 1가닥으로 뜬다.
손가락에 실을 거는 방법으로 7코 시작코를 만들어, 무늬뜨기 A, B, A'를 코를 늘리면서 58단 뜨고, 연결해서 코의 증감 없이 363단을 뜬다. 그 다음, 코를 줄이면서 55단 뜬다. 뜨개 마지막은 안쪽을 보면서 겉뜨기로 덮어씌워 코막음한다.

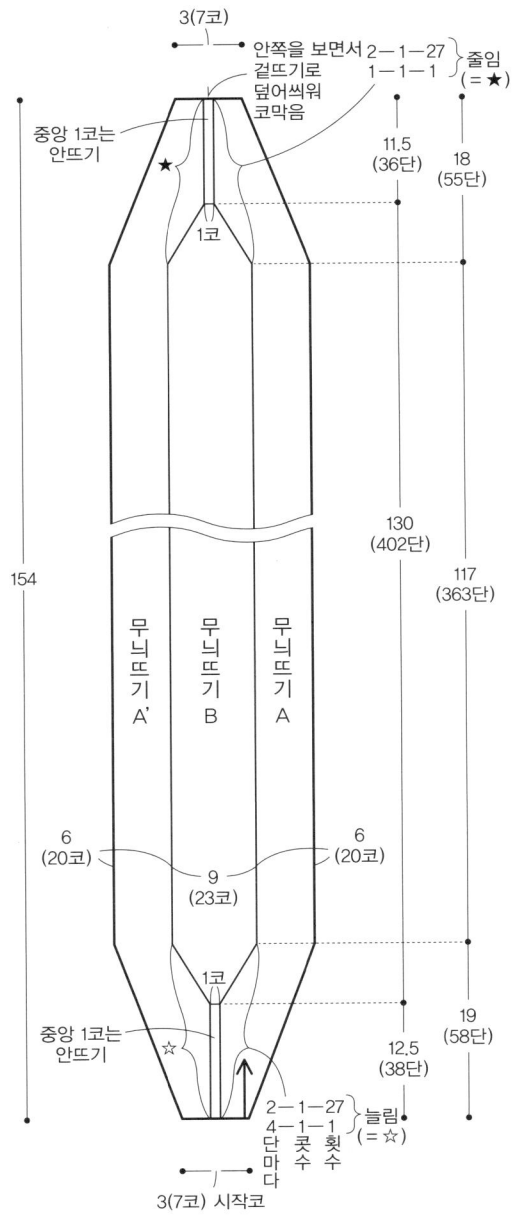

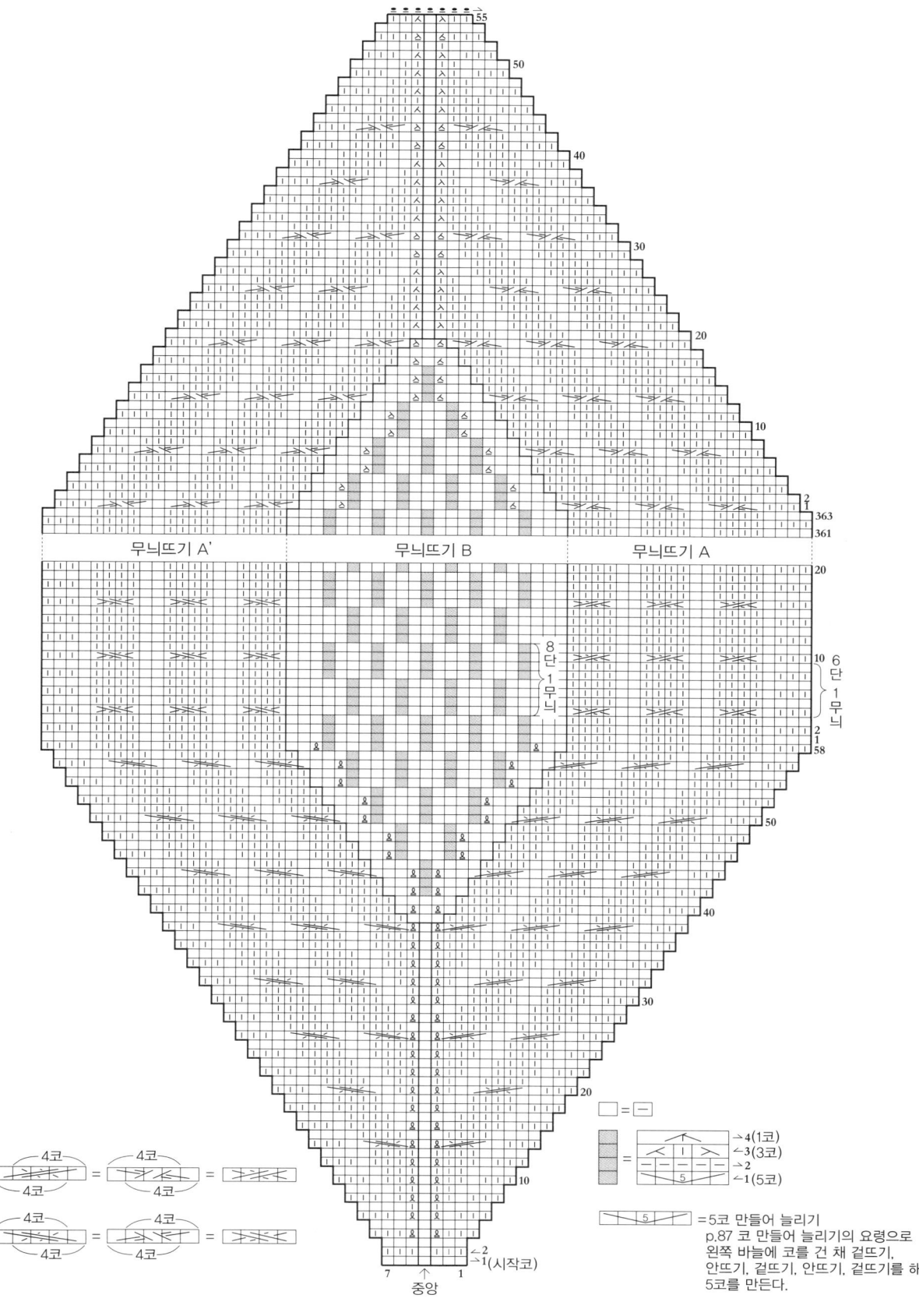

page 31, 32 고양이 벙어리장갑, 나비 벙어리장갑

실: 중세사(제이미슨즈 셰틀랜드 스핀드리프트)
  고양이/라이트그레이, 노란색, 진감색 각 15g(122/granite, 400/mimosa, 730/dark navy)
  나비/오프화이트, 붉은색, 진감색 각 15g(104/natural white, 500/scarlet, 730/dark navy)
도구: 대바늘 4호 4개 **게이지**: 메리야스뜨기의 무늬 넣기 30코 32단이 사방 10cm
사이즈: 손바닥 둘레 20cm, 길이 23.5cm
뜨는 방법: 실은 1가닥, 지정된 배색으로 뜬다.

손가락에 실을 거는 방법으로 48코 시작코로 원형을 만들어, 1코 고무뜨기로 26단을 뜬다. 다음 1단째에서 60코로 늘리면서 겉뜨기를 하고, 2단째부터는 메리야스뜨기의 무늬 넣기 A, B를 뜨는데, 엄지구멍(좌우로 위치를 바꾼다)의 아래쪽은 다른 실을 꿰서 코를 쉬게 한 다음, 위쪽 코를 시작한다(p.90 참조). 손가락 끝을 그림처럼 코를 줄인 뒤, 남은 4코에 실을 꿰고 조인다. 다른 실을 빼고 코를 주워(p.90 참조), 엄지를 메리야스뜨기 한다.

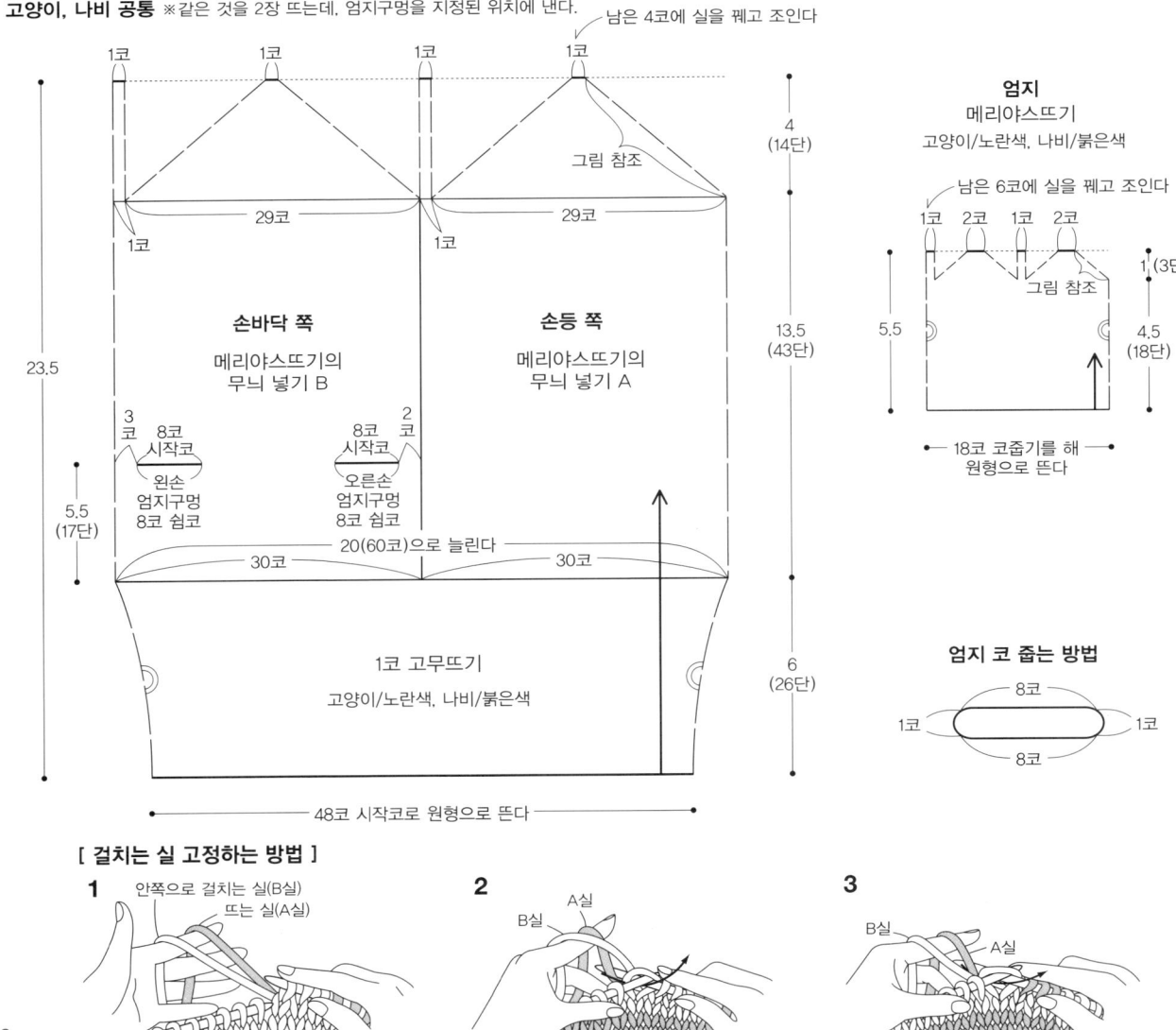

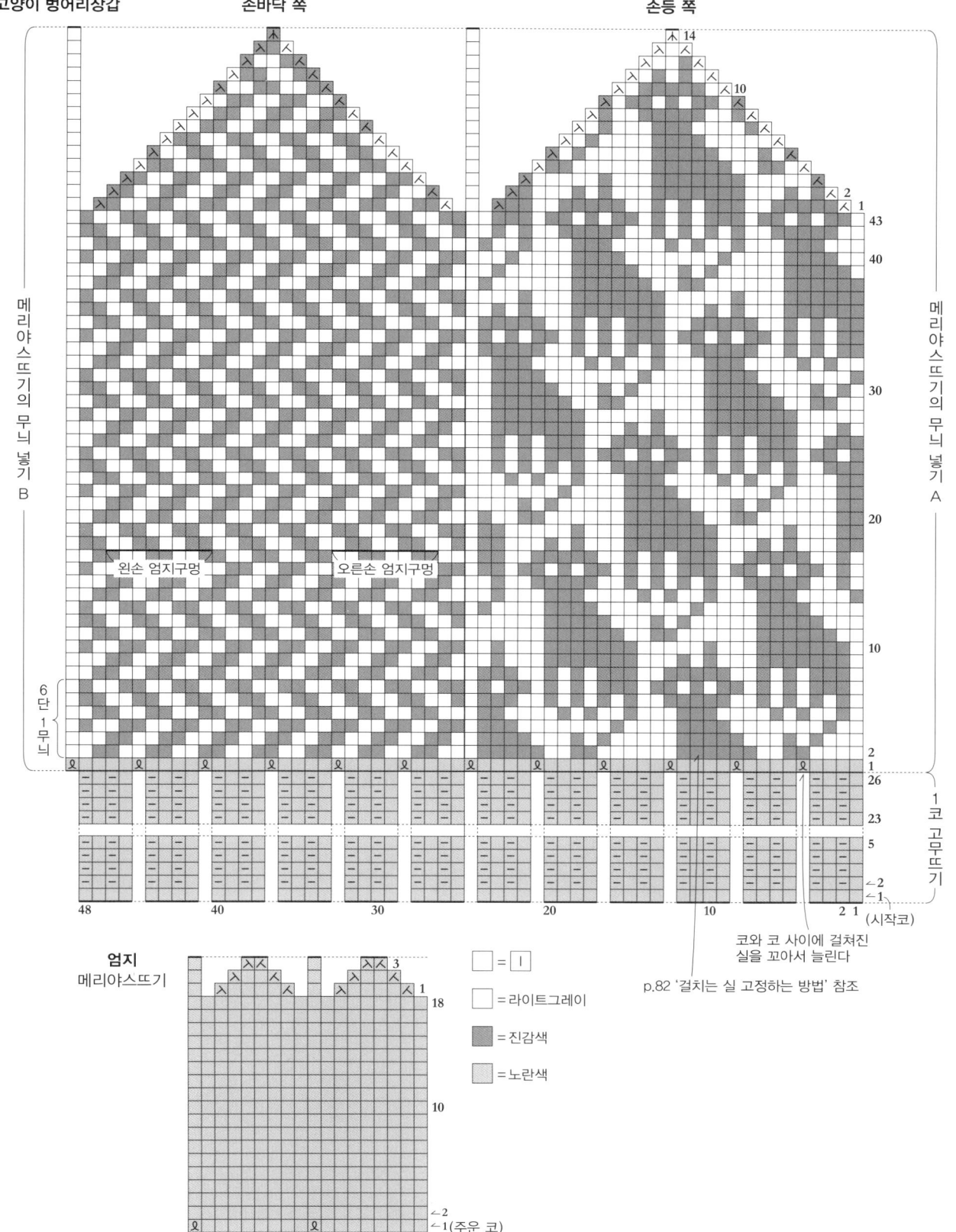

나비 벙어리장갑

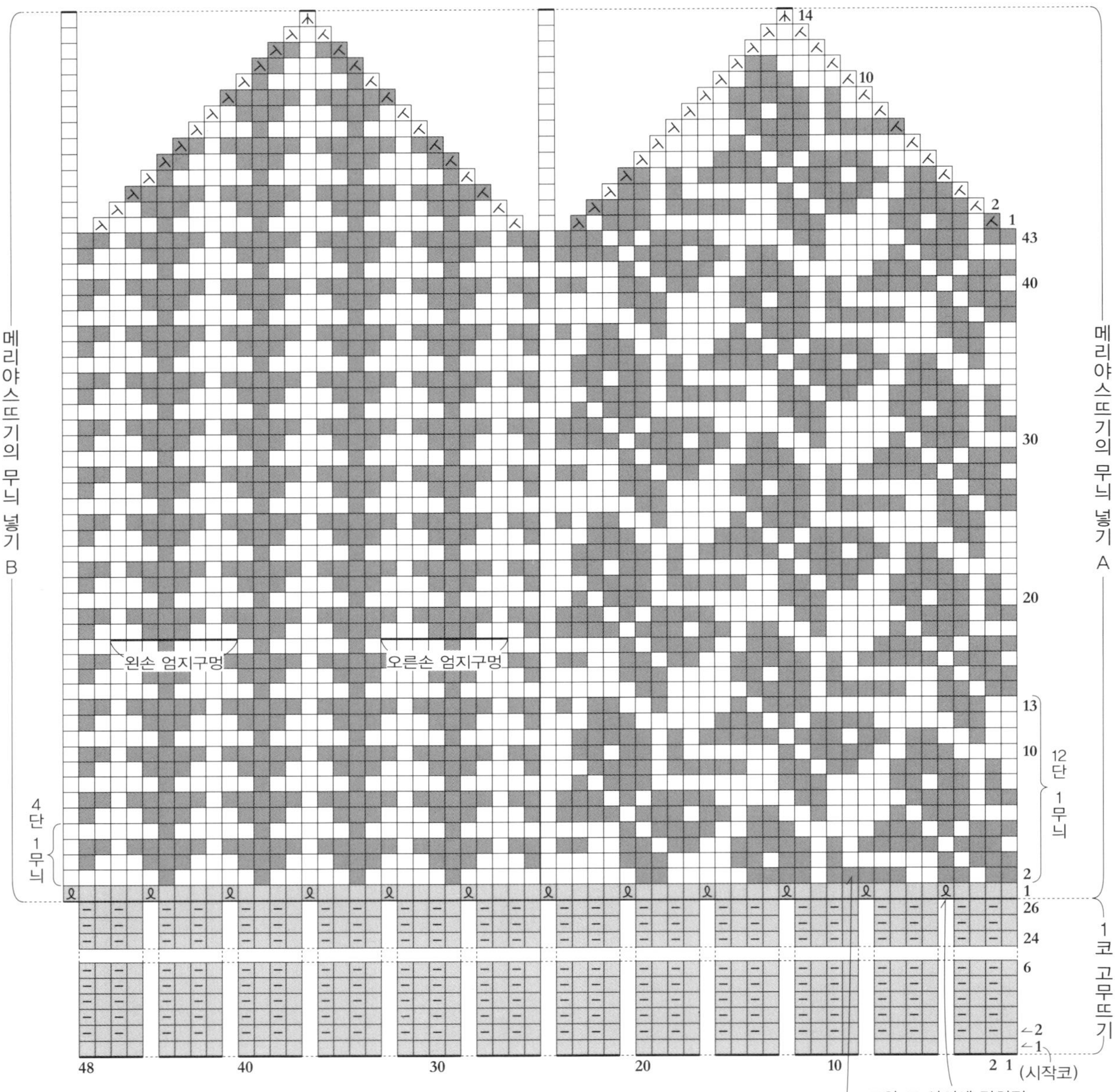

손바닥 쪽 / **손등 쪽**

메리야스뜨기의 무늬 넣기 B / 메리야스뜨기의 무늬 넣기 A

왼손 엄지구멍 / 오른손 엄지구멍

4단 1무늬 / 12단 1무늬

1코 고무뜨기

코와 코 사이에 걸쳐진 실을 꼬아서 늘린다

p.82 '걸치는 실 고정하는 방법' 참조

(시작코)

엄지
메리야스뜨기

(주운 코)

- ☐ = │
- ☐ = 진감색
- ■ = 오프화이트
- ▨ = 붉은색

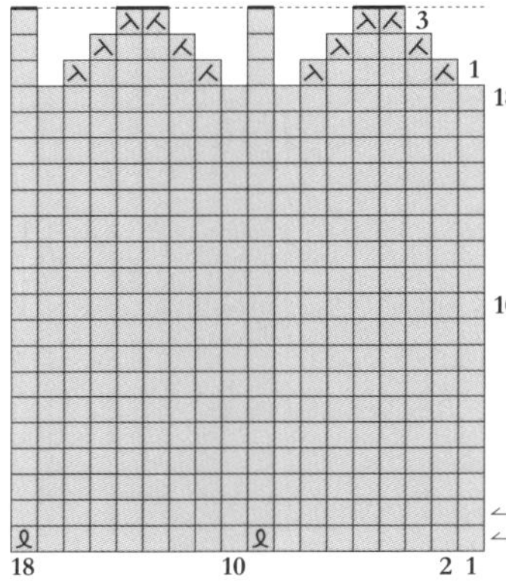

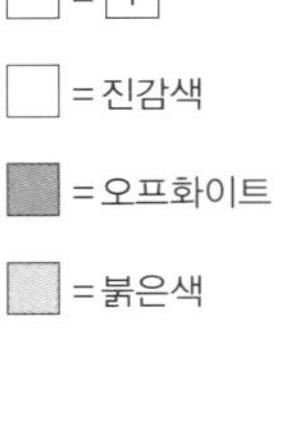

뜨개질의 기초 대바늘뜨기

[도안 보는 방법]

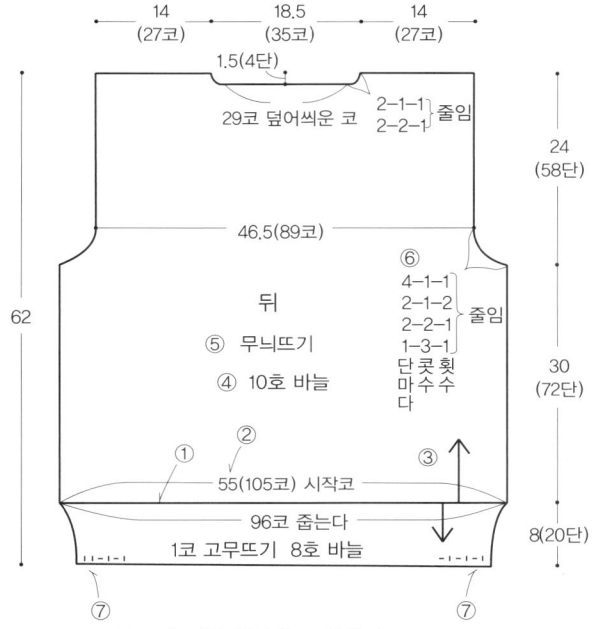

① 뜨개 시작 위치 ⑤ 뜨개 무늬
② 치수(cm) ⑥ 계산
③ 뜨는 방향 ⑦ 고무뜨기의 끝코 기호
④ 사용 바늘

'끝 2코를 세워서 줄인다'란?
'코를 세운다'는 것은 뜨개코를 눕히지 않고 옮기는 것을 의미하며, 래글런 선의 줄임코 등에 주로 사용한다. '끝 2코를 세워서 줄인다'고 하는 경우는 2코째가 3코째의 위에 오도록 2코 모아뜨기를 한다.

[기호 보는 방법]

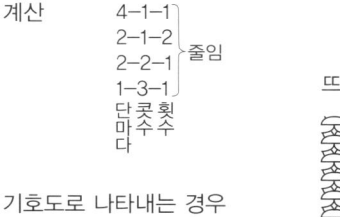

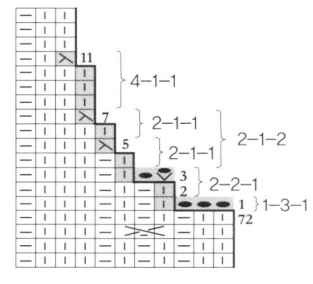

코를 늘리는 경우는 줄이는 방법과 같은 요령으로 줄임코를 늘림코로 바꾼다.

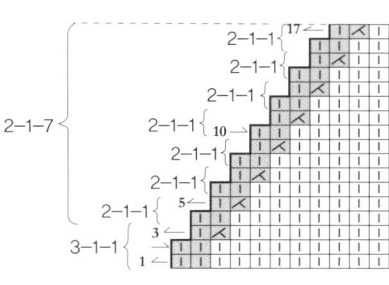

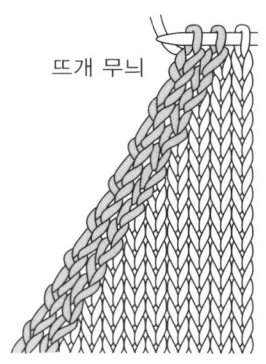

기호도는 뜨개 무늬를 겉에서 본 것으로, 특별한 경우를 제외하고 뒤 몸판의 오른쪽 끝 1단째부터 쓰여 있고, 왼쪽 끝은 몸판의 왼쪽 끝 뜨개코가 된다.
1단째에 화살표 [→]가 있을 때는 1단째를 왼쪽(안쪽)부터 뜬다.
도중에 [소매 ←]처럼 지정을 했을 때는 지정(소매)된 오른쪽 끝을 그 위치부터 뜨기 시작한다는 의미이다.

[기호도 보는 방법]

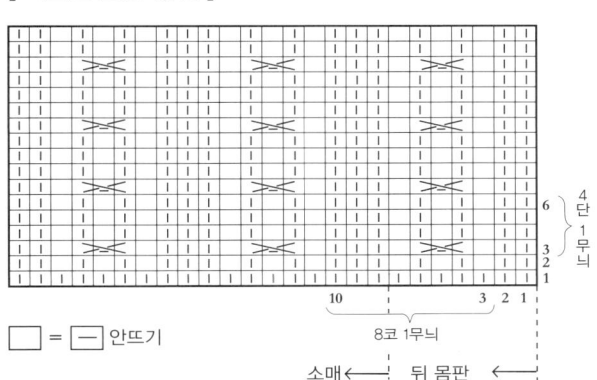

[손가락에 실을 걸어 코를 만드는 방법]
여러 가지 뜨개 무늬에 적합하고, 초보자도 만들기 쉬운 방법이다.

1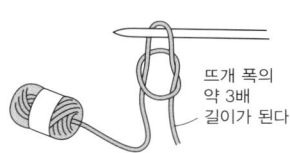
실 끝부터 뜨개 폭의 약 3배 길이가 되는 곳에 고리를 만들고, 대바늘을 고리 안으로 통과시킨다.

2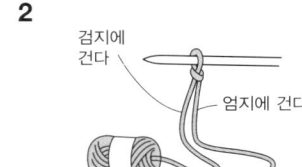
고리를 잡아당겨 조인다. 1코째 완성.

3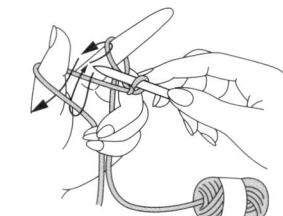
실 끝 쪽을 왼손 엄지에, 실타래 쪽을 검지에 걸고, 검지에 걸려 있는 실을 화살표처럼 떠올린다.

4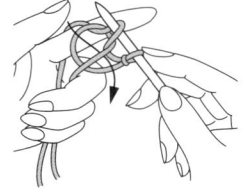
엄지에서 실을 빼고, 앞쪽의 실을 화살표 방향으로 잡아당겨 조인다.

5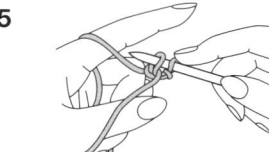
잡아당겨 조인 모습. 3~5를 반복하여 필요한 콧수를 만든다.

6
완성. 겉뜨기 1단째로 센다. 이 대바늘을 왼손에 쥐고 2단째를 뜬다.

[바늘에 걸린 코에서 뜨기 시작하는 방법]
저자가 사용하는 방법이다. 시작코가 좁게 완성된다.

1
왼쪽 바늘에 1코째를 손가락으로 만든다.

2
1코째에 오른쪽 바늘을 넣고, 실을 건다.

3
빼낸다.

4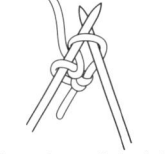
빼낸 코를 왼쪽 바늘에 옮긴다. 오른쪽 바늘을 빼지 않고 둔다.

5
옮긴 코가 2코째가 된다.

6
2~4와 같은 방법으로 실을 걸어 빼내고, 왼쪽 바늘에 옮긴다.

7
필요한 콧수를 만든다. 1단째로 센다. 이대로 2단째를 뜬다

[코 마무리]

덮어씌우기(겉뜨기) ●

1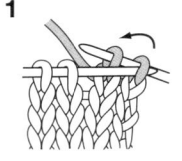
끝의 2코를 겉뜨기 하고, 1코째를 2코째에 덮어씌운다.

2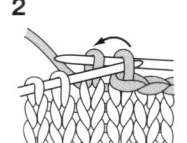
겉뜨기 하고, 덮어씌우기를 반복한다.

3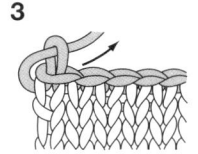
맨 마지막 코는 실을 빼내고 조인다.

덮어씌우기(안뜨기) ●

1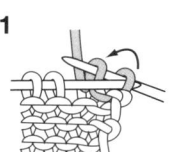
끝의 2코를 안뜨기 하고, 1코째를 2코째에 덮어씌운다.

2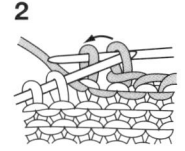
안뜨기 하고, 덮어씌우기를 반복한다.

3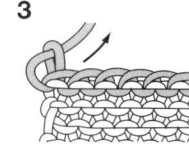
맨 마지막 코는 실을 빼내고 조인다.

[뜨개 기호] 뜨개 기호는 뜨개 무늬를 겉에서 본 기호이다.
예외(걸기코·감아코·걸러뜨기·걸쳐뜨기)인 경우를 제외하고, 1단 아래에 그 뜨개코가 완성된다.

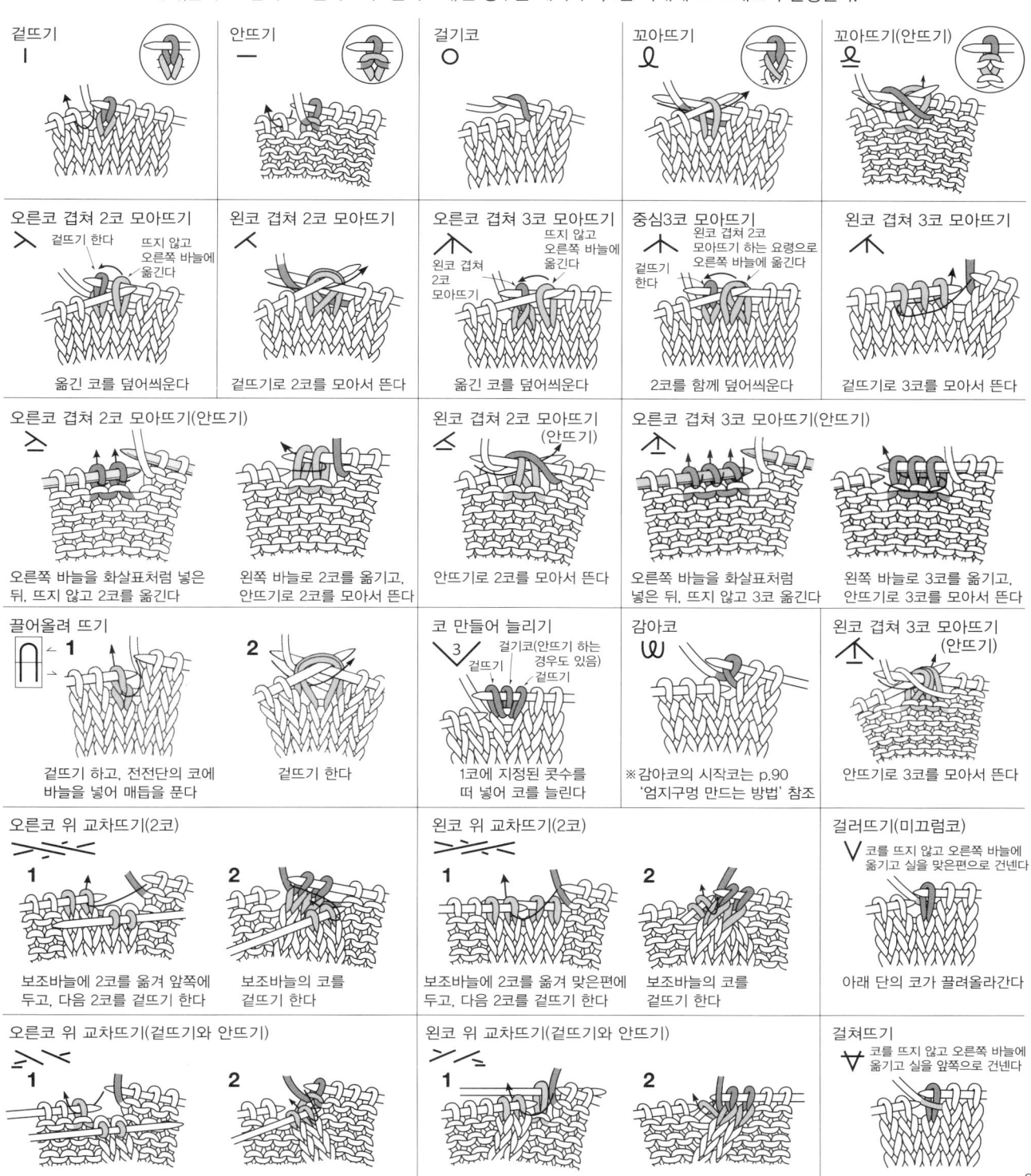

[1코 안쪽에서 꼬아뜨기로 코 늘리는 방법]
코와 코 사이의 실을 꼬아서 코를 늘린다.

오른쪽

1 **2** **3**

1코째와 2코째 사이에 걸치는 실을 오른쪽 바늘로 뜨고, 꼬아뜨기 한다.
※왼쪽도 같은 방법으로 뜬다.

스웨터 밑단이나 소맷부리의 고무뜨기 한 경계에서 코를 늘릴 때도 같은 방법으로 늘린다.

[끝에서 1코 줄이는 방법]

오른쪽

1 겉뜨기 한다 / 뜨지 않고 오른쪽 바늘에 옮긴다 **2** 덮어씌운다 **3**

안쪽에서 줄이는 경우

오른쪽

왼쪽 바늘을 화살표처럼 넣어, 코를 바꿔서 뜬다

왼쪽

왼쪽

1 **2** **3**

[끝에서 2코 이상 줄이는 방법]
실이 있는 쪽에서 줄이기 시작하기 때문에 좌우로 1단이 어긋나게 된다.

오른쪽

1 겉뜨기 2코 / 덮어씌운다 **2** 겉뜨기 한다 / 덮어씌운다 **3**

2코 덮어씌운 코(겉뜨기 2회째)
4코 덮어씌운 코 (겉뜨기 1회째)

1회째는 뜨개 끝에 각을 만들기 위해서 시작 1코도 겉뜨기 하고, 2코째에 덮어씌운다.

4 겉뜨기 한다 / 덮어씌운다 / 걸러뜨기 **5** 겉뜨기 한다 / 덮어씌운다 **6** 2회째(2코 덮어씌운 코) / 1회째(4코 덮어씌운 코)

2회째부터는 뜨개 무늬를 완만하게 만들기 위해서 시작 1코는 뜨지 않고 걸러뜨기 하고, 다음 코는 겉뜨기 한 다음, 걸러뜨기 한 코를 겉뜨기 한 코에 덮어씌운다.

왼쪽

(안뜨기 2회째) 2코 덮어씌운 코
4코 덮어씌운 코
(안뜨기 1회째)

1 안뜨기 2코 / 덮어씌운다 **2** 안뜨기 한다 **3** 덮어씌운다

1회째

4 안뜨기 한다 / 덮어씌운다 / 걸러뜨기 **5** 안뜨기 한다 / 덮어씌운다 **6** 2회째(2코 덮어씌운 코) / 1회째(4코 덮어씌운 코)

2회째

[되돌아뜨기] 2단마다 진행하는 되돌아뜨기. 되돌아뜨기는 뜨개 마지막에서 시작하기 때문에, 좌우로 1단이 어긋나게 된다.

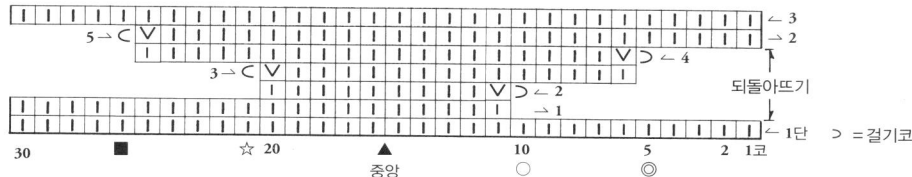

1

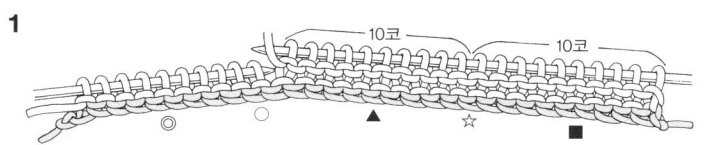

되돌아뜨기 1단째(안쪽).
끝에서 ○표시 전(20코째)까지 떠간다.

2

2단째(겉쪽). 겉으로 돌려 걸기코를 하고,
첫 코를 걸러뜨기 한다.
다음 코부터 겉뜨기 한다.

3

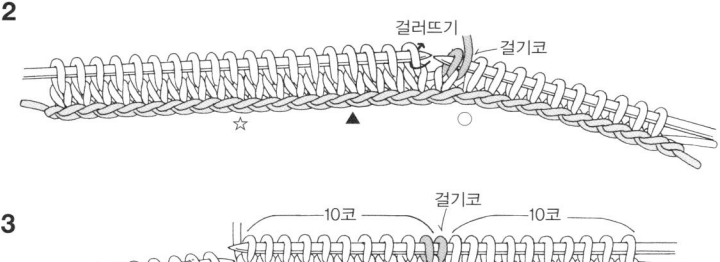

☆표시 전까지 뜬다.

4

3단째(안쪽). 안쪽으로 돌려 걸기코를 한 다음,
실을 앞쪽에 두고 첫 코를 걸러뜨기 한다.

5

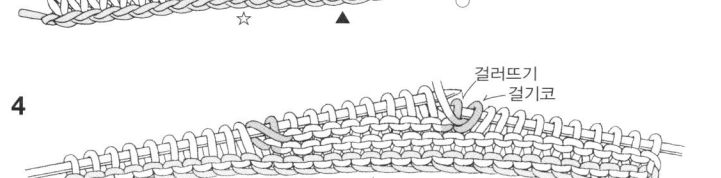

○표시 전까지 안뜨기 한다. 다음 코는
앞 단 걸기코와 위치를 바꿔서 2코 모아뜨기 한다.
◎표시 전까지 안뜨기 한다

6

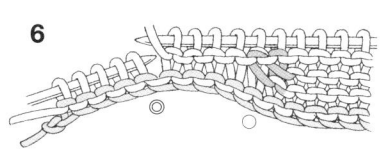

7

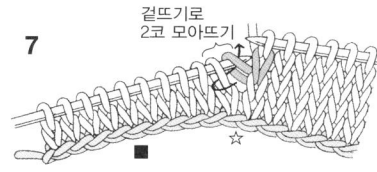

4단째(겉쪽). 겉으로 돌리고, 2, 3과
같은 요령으로 ☆표시 전까지 겉뜨기 한 뒤,
다음 코는 걸기코와 2코 모아뜨기를 한다.
■표시 전까지 겉뜨기 한다.

8

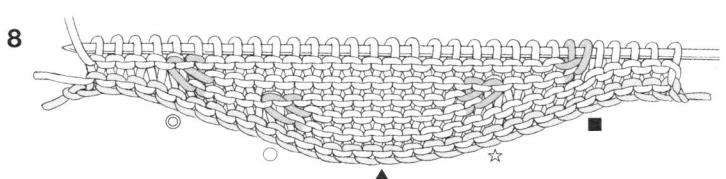

5단째. 4, 5와 같은 요령으로. ◎표시 위치에서
걸기코와 2코 모아뜨기 하고 끝까지 뜬다.
다음 단은 7과 같은 요령으로 ■표시 위치에서
2코 모아뜨기 하고 끝까지 뜬다.

[스틱의 감아코로 만든 시작코]

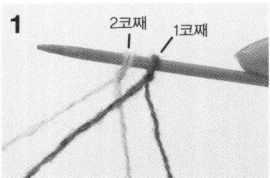
새로운 실로 실 끝에 매듭을 만들고 바늘에 통과시킨다. 지정된 배색실로 2코를 만든 모습.

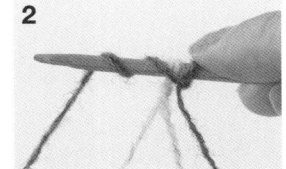
앞쪽에서 맞은편으로 바늘에 실을 2회 감는다.

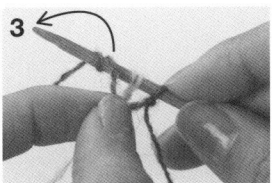
1번째 고리를 집어 바늘에 덮어 씌운다.

덮어씌운 모습. 실을 잡아당겨 조인다. 3코째가 완성되었다. 지정된 배색실로 2, 3을 반복하여 시작코를 만든다.

[엄지구멍 만드는 방법]
엄지구멍의 아래쪽은 다른 실을 꿰서 코를 쉬게 하고, 위쪽은 감아코로 시작코를 만든다.

엄지구멍의 앞쪽 코까지 뜬 뒤, 엄지구멍 코에 코바늘을 넣어, 다른 실을 꿰고 코를 쉬게 한다.

엄지구멍의 위쪽에 감아코로 코를 만든다. 앞쪽에서 맞은편으로 바늘에 실을 2회 감는다.

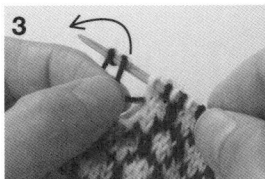
1번째 고리를 집어 바늘에 덮어 씌운다.

덮어씌운 모습. 실을 잡아당겨 조인다.

1코 만든 모습.

무늬를 넣는 벙어리장갑의 경우는 무늬 넣기 도안에 따라, 색을 바꿔서 같은 방법으로 시작코를 만든다.

같은 요령으로 10코를 만든 모습.

그대로 연결해서 뜬다.

[엄지의 코 줍는 방법]

다른 실을 빼고 왼쪽 바늘로 코를 주워, 새로운 실을 사용해 엄지의 뜨개 도안에 따라 아래쪽 코를 뜬다.

아래쪽 10코를 뜬 모습.

엄지구멍의 왼쪽 옆 코에 바늘을 넣고, 꼬아뜨기하면서 2코를 뜬다(오른쪽 아래 도안·엄지 코 줍는 방법 참조).

아래의 10코와 위아래 사이의 실에서 2코를 주운 모습. 다음으로 위쪽의 10코를 줍는다.

위쪽의 10코를 줍는다. 시작코 밑으로 크로스 되어 있는 실 2가닥을 모아 한 번에 바늘을 넣어 줍는다.

1코 뜬 모습. 같은 요령으로 10코 뜬다.

3과 같은 요령으로 꼬아뜨기로 2코를 떠서, 전부 24코를 주운 모습.

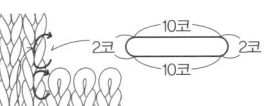
엄지 코 줍는 방법

양쪽에서 1코를 줍는 경우는 이쪽을 줍는다

[무늬 넣기의 실 바꾸는 방법]

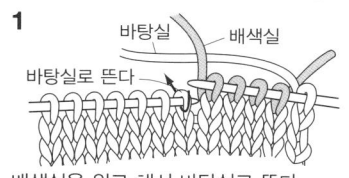

배색실을 위로 해서 바탕실로 뜬다.   배색실을 바탕실의 위로 해서 바꾼다.

[잇기 · 꿰매기]

빼뜨기 잇기

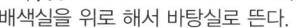

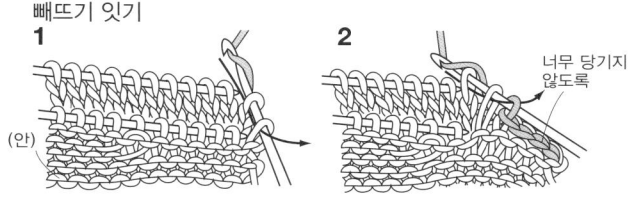

어깨선 잇기에 주로 사용하는 방법. 뜨개를 겉끼리 맞대어 잡고, 코바늘로 앞뒤 1코씩을 걸어 빼낸다.

메리야스 잇기

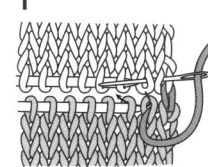 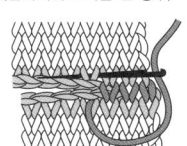

메리야스코를 만들면서 잇는 방법. 겉을 보면서 오른쪽에서 왼쪽으로 진행한다. 아래는 팔(八)자, 위는 거꾸로 된 八자 모양으로 코를 떠간다.

코와 단 잇기

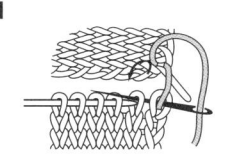 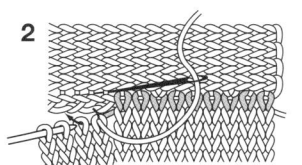

위의 단은 끝코와 2코째 사이의 가로 실을 뜨고, 아래 단은 메리야스 잇기 요령으로 바늘을 넣는다.

잇기 하는 콧수보다 단수가 많은 경우는, 중간 중간 1코로 2단을 떠서 균형을 맞춘다.

떠서 꿰매기

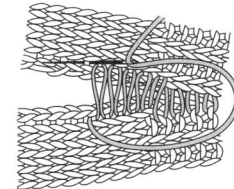

1코째와 2코째 사이의 걸치는 실을 1단씩 번갈아서 뜬다.

이 책에서 사용한 실

이 책에 게재한 작품은 아래의 실을 사용하고 있다.
실의 특성에 따라 사이즈나 뜨개 무늬를 만드는 방법이 달라지기 때문에 소재나 구성을 참고하여 실을 선택하도록 한다.

□ 비세／ⓞ
굵기 … 합태사
품질 … 울 100%
구성 … 한 타래 100g(약 300m)

□ 에토프／ⓗ
굵기 … 태사
품질 … 알파카 70%
　　　　울 24%
　　　　나일론 6%
구성 … 한 타래 40g(약 102m)

□ 퀸 애니／ⓟ
굵기 … 병태사
품질 … 울 100%
구성 … 한 타래 50g(약 97m)

□ 셰틀랜드／ⓟ
굵기 … 병태사
품질 … 울 100%(영국산 양모 100% 사용)
구성 … 한 타래 40g(약 90m)

□ 셰틀랜드 스핀드리프트
　(Shetland Spindrift)／ⓘ
굵기 … 중세사(2ply jumper weight)
품질 … 울 100%
구성 … 한 타래 25g(115yd = 약 105m)

□ 소노모노 알파카 울 《병태》／ⓗ
굵기 … 병태사
품질 … 울 60%
　　　　알파카 40%
구성 … 한 타래 40g(약 92m)

□ 소노모노 수리 알파카／ⓗ
굵기 … 중세사
품질 … 알파카 100%
　　　　(수리 알파카 사용)
구성 … 한 타래 25g(약 90m)

□ 브리티시 에로이카／ⓟ
굵기 … 극태사
품질 … 울 100%
　　　　(영국산 양모 50% 이상 사용)
구성 … 한 타래 50g(약 83m)

ⓗ 하마나카 ⓘ 제이미슨즈 스피닝(Jamieson's Spinning) ⓞ 외스테르예틀란드 ⓟ 퍼피
상품 정보는 2013년 10월 기준.

AMIMONO TOMODACHI
Copyright © 2013 by Mariko MIKUNI
First published in Japan in 2013 by EDUCATIONAL FOUNDATION BUNKA GAKUEN BUNKA PUBLISHING BUREAU, Tokyo
Korean translation rights arranged with EDUCATIONAL FOUNDATION BUNKA GAKUEN BUNKA PUBLISHING BUREAU, Tokyo
through Japan Foreign-Rights Centre/ SHINWON Agency Co.

이 책의 한국어판 저작권은 신원에이전시를 통한
EDUCATIONAL FOUNDATION BUNKA GAKUEN BUNKA PUBLISHING BUREAU와의 독점 계약으로 도서출판 이아소에 있습니다.
저작권법에 의해 한국 내에서 보호를 받는 저작물이므로 무단전재와 무단복제를 금합니다.

북디자인 Hiromi WATANABE
촬영 Yoichi NAGANO
　　　Wataru NAKATSUJI
스타일링 Miyoko OKAO
모델 Jennifer Nakayama
　　　Laurent
　　　Lindsey
헤어 & 메이크업 Hiromi CHINONE
트레이스 Yasuyo NUMOTO(p.42~84)
　　　　　Toshio USUI
　　　　　SHIROKUMA KOBO
　　　　　Satomi DAIRAKU
교열 Masako MUKAI
　　　Michiko WATANABE
편집 Sayako MISUMI(Little Bird)
　　　Yukiko MIYAZAKI(BUNKA PUBLISHING BUREAU)
일본어판 발행인 Sunao ONUMA

북유럽 감성°
손뜨개 친구

초판 1쇄 발행 2014년 12월 10일

지은이 미쿠니 마리코
옮긴이 황선영
펴낸이 명혜정
펴낸곳 도서출판 이아소
북디자인 황경성

등록번호 제311-2004-00014호
등록일자 2004년 4월 22일
주소 121-841 서울시 마포구 월드컵북로5나길 18 1012호
전화 (02)337-0446　**팩스** (02)337-0402

책값은 뒤표지에 있습니다.
ISBN 978-89-92131-87-2 13590
CIP제어번호: CIP2014030384

도서출판 이아소는 독자 여러분의 의견을 소중하게 생각합니다.
E-mail: iasobook@gmail.com